資産家のための
民法大改正 徹底活用
相続法・債権法&税金

弁護士 江口正夫・税理士 坪多晶子 著

清文社

はじめに

　情報が瞬時に広がるこの国際化時代において、東京オリンピックや大阪万博への期待が膨らみ、不動産価格も東京・大阪を中心とした都心部においては上昇傾向にあり、収益性や値上がりを求めて投資する人も増えてきています。資産家や不動産オーナーはますます、今後の経済と不動産経営の先行きを注視していかなければなりません。

　また、判決や時代の実情に合わせて、長年改正のなかった民法について、債権法と相続法の分野における大改正が行われました。相続法の改正に対応するための令和元年度の税制改正も行われています。

　相続法においては、贈与や遺言により取得した財産の一部を他の相続人に渡さざるを得なかった遺留分制度を見直し、遺留分を金銭債権へと変更するとともに支払期限を猶予する制度や、居住権を柱とする配偶者への優遇措置、親族の特別寄与を認める制度、自筆証書遺言を簡便に作成し安全に保管する制度などが順次施行されますので、これらの改正をきちんと理解し活用することにより、相続や承継の悩みについての解決が期待できるようになりました。

　債権法においては、これからは個人保証人を守るため賃貸借の保証人が個人である場合には極度額制度が導入されたことや、保証人への情報提供義務、賃借人の修繕権、使用収益ができなくなったら賃料が当然に減額される旨の規定、原状回復義務の明文化など、不動産オーナーが気を付けて事前に準備しておかなければならない改正に対する注意点が多々あります。

　しかし、これらの制度改正により資産家や不動産オーナーに関わる問題が全て解消できるわけではありません。もめない相続と困らない相続税、そして安心な財産承継と不動産経営を実現できるのは資産家や不動産オーナー自身ですから、自分の財産をきちんと把握し、財産承継や不動産経営にどう取り組むかを決断し、事前に準備しておかなければなりません。

　本書では、これらの最新の法律や税制の改正を踏まえたうえで、弁護士

と税理士がディスカッションを繰り返しながら、資産家や不動産オーナーの方々のために、民法改正とそれらにまつわる税金対策に必要な知識をまとめました。法制度と税務の関連を実務的に、しかも実例をふんだんに採り入れて執筆したところに本書の特徴があります。

　資産家や不動産オーナーの方々の疑問や不安を解決するには、民法はもちろん、借地借家法、相続税法をはじめとする税法、その他の関連法規と判例などに関する、さまざまな知識と経験が必要です。このような相談に日々応じているプロフェッショナルである弁護士と税理士が、専門的になりすぎぬよう、可能な限り簡単に分かりやすくすることに力を注ぎ、解説に努めました。

　まず、第1章で、相続法・相続税法の改正を、第2章で債権法とそれにまつわる税金を分かりやすくまとめております。次に、第3章で民法改正が相続や不動産経営に与える影響と民法改正を活用した相続・相続税の賢い対策を詳しく解説しております。さらに、第4章は資産家や不動産オーナーの方に私達が直接相談にのりながら、事例を解決していく対話式の解説としていますので、より親しみやすく理解を深めていただけるのではないかと思います。

　明るく、元気よく、昨日より今日、今日よりも明日が幸せであることが人生ではとても大切なことであると思います。

　本書が悩める資産家や不動産オーナーの方々、その相談相手の方々にとって、民法大改正をきちんと理解し、困った相続・相続税の問題解決と安心できる財産承継と不動産経営を実現する手助けとなり、読者の皆様はもちろんのこと読者の皆様を取り巻く方々全員が幸せな人生を送られるうえで、少しでもお役に立つことができれば幸いに存じます。

　令和元年10月

弁護士　江口正夫
税理士　坪多晶子

目次

第1章　資産家と相続法＆相続税法の改正　2

Q1	相続法の改正の概要	2
Q2	配偶者短期居住権の新設	6
Q3	配偶者居住権の新設	9
Q4	配偶者居住権の相続税評価額	13
Q5	特別受益の持戻し免除の意思表示の推定規定	20
Q6	預貯金の払戻し制度の新設	23
Q7	遺産分割前に遺産が処分された場合の遺産の範囲	25
Q8	自筆証書遺言の方式の緩和	27
Q9	自筆証書遺言の保管制度の創設	29
Q10	遺言執行者の権限の明確化	32
Q11	遺留分の金銭債権化に伴う侵害額請求権とその税務	35
Q12	遺留分の算定方法の見直し	38
Q13	権利の承継	41
Q14	義務の承継	44
Q15	特別の寄与	47
Q16	特別寄与料制度が創設、相続税の課税対象と債務控除に	50
Q17	民法（相続法）の施行時期	53
コラム	成年年齢が20歳から18歳に引き下げられる	55
コラム	民法成年年齢の引下げに伴う税制の見直し	58

第2章　資産家と債権法改正＆税制の対応　62

| Q1 | 民法債権法改正の概要 | 62 |
| Q2 | 賃貸借契約の連帯保証に関する改正 | 65 |

(1)

Q 3	連帯保証人への請求額が確定する時期	68
Q 4	相続税における債務控除と保証債務	71
Q 5	賃借人が保証人に対し情報提供義務を負う場合	73
Q 6	賃貸人が保証人に賃借人の履行状況の説明義務を負う場合	
		76
Q 7	敷金の定義と返還時期	79
Q 8	賃貸物の一部滅失等による賃料減額	82
Q 9	賃借人による修繕権の明文化	85
Q10	修繕費と資本的支出	88
Q11	修繕した場合の相続税上の有利・不利	90
Q12	賃貸借終了時の賃借人の収去義務	93
Q13	賃借人の原状回復義務	96
Q14	民法債権法改正の施行日と経過規定	99
Q15	不動産オーナーが施行日までに準備しておくこと	102
Q16	入居率の悪い賃貸物件の対策に係る税金の取扱い	105
Q17	未払家賃の税務対応	109

第3章　民法改正を活用した相続＆相続税の賢い対策　112

Q 1	配偶者居住権はどのようなケースで有効か	112
Q 2	配偶者居住権は相続税対策になるのか	115
Q 3	特別受益の持戻し免除の意思表示の推定規定の活用法	117
Q 4	結婚20年以上で配偶者に無税で自宅を贈与できる	120
Q 5	預貯金の払戻し制度の使い方	124
Q 6	預貯金の払戻し制度と相続税申告	126
Q 7	自筆証書遺言方式のメリット	128
Q 8	遺言書保管制度と公正証書遺言の違い	130
Q 9	遺言執行者は誰が適任なのか	133
Q10	賃貸住宅オーナーは特に遺言書が必須	135
Q11	遺言書作成による税制上のメリット	138

Q12 小規模宅地等の特例の活用が最高の相続税の節税 ……… 143

Q13 遺留分侵害額の請求権を行使されるとどうなるのか ……… 149

Q14 遺留分制度の見直しは事業承継に活用できるか ……… 152

Q15 成年年齢の引下げと生前贈与の活用 ……………… 155

Q16 不動産オーナーや資産家が施行日までに準備しておくこと

……………………………………………………… 160

第4章 事例で分かる民法改正（対話式解説）164

事例1 後継者に遺産の大半である土地を引き継がせたい ……… 164

事例2 生前贈与により遺留分対策に成功する ……………… 181

事例3 配偶者居住権を活用した相続対策＆相続税対策 ……… 188

事例4 長年親の面倒を見てきた人に報いる方法 …………… 206

事例5 賢い遺産分割により相続税を節税する …………… 218

事例6 債権法改正による新たに注意すべきポイント ……… 233

事例7 修繕や保証人の取扱いには要注意 ……………… 243

事例8 借家人の退去に伴う費用誰が負担する？ …………… 262

凡例

相　法………相続税法
措　令………租税特別措置法施行令
相基通………相続税法基本通達
所基通………所得税基本通達
遺言書保管法………法務局における遺言書の保管等に関する法律

（注）　本書の内容は、令和元年10月1日現在の法令等に基づいています。

装丁・デザイン：東　雅之　　イラスト：奥田　晃

(3)

資産家と相続法&相続税法の改正

相続法の改正の概要

QUESTION

昭和55年に相続法改正が行われて以来、40年ぶりに相続法の改正が行われたと聞きました。相続法を改正する目的や改正内容はどのようなものなのでしょうか。

ANSWER

POINT

- 配偶者居住権、遺産分割、遺言制度、遺留分制度、相続の効力、特別寄与などの項目について、約40年ぶりに相続法が改正された。

1 相続法改正の経緯

相続法は昭和55年に改正され、その後約40年にわたり、改正されていませんでした。しかし、この40年の間に高齢化社会が急激に進行し、家族に関する国民意識の変化も見られます。そこで、法務大臣より、以下の諮問がなされました。

> **平成27年2月諮問第100号**
> 「高齢化社会の進展や家族の在り方に関する国民意識の変化等の社会情勢に鑑み、配偶者の死亡により残された他方配偶者の生活への配慮等の観点から、相続に関する規律を見直す必要があると思われる。」

まず、「高齢化社会の進展」については、次のような統計があります。

	昭和55年	平成28年
平均寿命	女性　78.76歳 男性　73.35歳	女性　87.14歳 男性　80.98歳
出生数	157万人	97万人
合計特殊出生率	1.75	1.44

これを見ると、要するに、相続開始時における配偶者の年齢が相対的に高いこと、他方において、子は少子化で少なく（ということは、子の一人

2

第1章　資産家と相続法＆相続税法の改正

当たりの相続分は多い。）、しかも相続開始時には経済的に独立した年齢に達している場合も多いと考えられます。また、最高裁平成25年9月4日大法廷決定により、嫡出子と非嫡出子の相続分は同一であるとされましたが、その際、一部の国会議員から、家族制度や婚姻制度の否定につながる、法律婚を尊重する国民意識が損なわれるなどの批判が相次ぎ、配偶者保護の観点から相続法制を見直す必要があるのではないかとの問題提起がなされ、配偶者の保護を図るための法改正が今回の改正の一つの契機となりました。

2　相続法改正の概要

　上記の経緯に基づき、今回の相続法の改正は、主に、以下の1から6までの、6つの項目に関して行われました。

1　配偶者を保護するための改正

(1)　**相続開始後、配偶者の居住権を保護するための改正**

　①　配偶者短期居住権の創設

　　配偶者が、相続開始時に被相続人所有建物に無償で居住していた場合に、少なくとも相続開始後6か月は無償で居住できる権利

　②　配偶者居住権の創設

　　配偶者が、相続開始時に被相続人所有建物に居住していた場合に、原則として終身、当該建物の全部を使用・収益することができる権利

(2)　**婚姻期間20年以上の夫婦間の居住用不動産の贈与又は遺贈の特例**

　婚姻期間20年以上の夫婦の一方が他方配偶者に居住用建物又はその敷地を贈与又は遺贈をした場合は、特別受益の持戻しの免除の意思表示がなされたものと推定する特例を創設。

2　遺産分割の見直しに関する改正

(1)　**預貯金債権を遺産分割の対象とすることを前提とした預貯金の仮払い制度**

　これまで預貯金債権は当然分割財産とされ、遺産分割は不要と解されていましたが、最高裁平成28年12月19日決定により判例が変更され、預貯金債権が遺産分割協議の対象とされたことに伴い、改正相続法においても預貯金債権は遺産分割対象財産であることを前提に、相続人らの必要に応えるため、遺産分割前の仮払い制度を創設。

3

⑵　遺産の一部分割を求める審判の要件

　相続人の全員一致で遺産の一部分割ができることに異論はないが、遺産分割審判で遺産の一部分割を命じる要件が明確化された。

⑶　遺産分割前に遺産が処分された場合の取扱い

　相続開始後に遺産の内容を調べると、分割前に遺産が処分されていることが判明する場合があるが、既に処分された財産を遺産とみなすことができる要件が明確化された。

3　遺言制度の見直し

⑴　自筆証書遺言の方式の緩和

　自筆証書遺言は、これまで遺産目録を含め全文自筆で記載することが要件であったが、財産目録は自筆の必要がなくなった。

⑵　自筆証書遺言の法務局での保管制度の創設

　自筆証書遺言で無封のものは、法務局が保管する制度が創設され、この場合は家庭裁判所の検認が不要となった。

⑶　遺言執行者の権限の明確化等

　遺言執行者の相続人に対する遺言内容の通知義務や、相続させる旨の遺言の場合、遺言執行者に預貯金の払戻し・解約権限等を認め、さらには遺言執行者の登記等の対抗要件を具備する権限を明記した。

4　遺留分制度の見直し

⑴　遺留分減殺請求権から遺留分侵害額請求権へ

　改正前民法では、遺留分を侵害された相続人は、遺留分減殺請求により自己の遺留分を侵害する贈与・遺贈等の効力の一部否定が認められたが、改正相続法はこれを遺留分侵害額請求権に改め、遺留分の権利は金銭を請求できるだけとなった。

⑵　遺留分算定方法の見直し

　相続人に対する生前贈与等はどんなに昔のものでも遺留分算定に加算されていたが、改正法では10年以内になされたものに限定された。

5　相続の効力等の見直し

⑴　相続させる旨の遺言による財産の承継に対抗要件が必要

　これまで、相続させる旨の遺言により財産を取得したものは、法定相続

分を超える場合でも登記等の対抗要件なくして権利の取得を対抗できたが、改正法のもとでは対抗要件が必要とされた。

(2) **相続分の指定がある場合の、相続債権者の相続人に対する権利行使**

被相続人の借金は、被相続人が遺言で承継割合を指定しても、債権者は、法定相続分割合で相続人に権利行使ができる旨が明文化された。

6 **相続人以外の親族の貢献と特別寄与料に関する制度の創設**

寄与分は、相続人以外には認められないが、被相続人の相続人以外の親族で、労務を提供したことにより、被相続人の財産の維持又は増加に特別の寄与をした者に、相続人に対する特別寄与料の金銭請求権を認めた。

❸ 改正民法（相続法）の施行時期

改正民法（相続法）は、平成30年7月6日に国会で成立し、同13日に公布されました。施行日は、原則として令和元年7月1日ですが、これには3つの例外があります。

施行期日	
原 則	公布の日から1年を超えない範囲内において政令で定める日（令和元年7月1日）
例外1	自筆証書遺言の目録の自筆不要の規定は平成31年1月13日
例外2	配偶者居住権・配偶者短期居住権はいずれも令和2年4月1日
例外3	遺言書保管制度は令和2年7月10日

(1) **自筆証書遺言の様式の緩和についての施行日**

自筆証書遺言の財産目録は自筆であることが不要とされますが、この改正は既に平成31年1月13日に施行済です。

(2) **配偶者短期居住権・配偶者居住権の規定の施行日**

これらは、いずれも令和2年4月1日、すなわち、民法（債権法）の改正と同一日に施行されます。

(3) **遺言書保管制度の施行日**

無封の自筆証書遺言を法務局が保管する制度は、今回の改正中、最も遅い令和2年7月10日から施行されます。

2 配偶者短期居住権の新設

QUESTION

今回の相続法の改正で、新たに「配偶者短期居住権」という権利が認められたそうですが、これは、どのような権利なのでしょうか。

ANSWER

POINT
- 相続開始時に被相続人の建物に無償で住んでいた配偶者に対して、最低6か月間居住することを認める「配偶者短期居住権」を創設。

❶ 配偶者短期居住権

配偶者短期居住権とは、相続開始時に、被相続人が所有する建物に無償で居住していた配偶者が、相続が開始した後、それまで住んでいた自宅建物から直ちに追い出されることのないように、最短でも6か月間はそれまで住んでいた自宅建物に居住することを認める権利です。

❷ 配偶者短期居住権が認められる要件

(1) **相続開始時点での被相続人所有建物での無償居住**

配偶者に配偶者短期居住権が認められるためには、まず配偶者が、被相続人が所有する建物に相続開始の時点で無償で居住していることがその前提条件となります。「被相続人が所有する建物」について認められる権利ですから、賃貸マンションや賃貸アパートについて配偶者短期居住権が認められるわけではありません。

(2) **配偶者が居住建物の遺産分割協議を行う場合**

配偶者は、他方配偶者が死亡した場合、相続人となりますので、通常は自己が居住していた被相続人所有建物の遺産分割協議に参加します。その場合に配偶者短期居住権が認められるのですが、その期間は下記のいずれか遅い日までの間となっています。

① 遺産の分割により居住建物の帰属が確定した日

第1章　資産家と相続法＆相続税法の改正

②　相続開始の時から6か月を経過する日

①は、遺産分割協議により、それまで配偶者が居住していた建物の取得者が決まるまでは、配偶者は、配偶者短期居住権により居住を継続できることになります。②は遺産分割協議が難航して長期化する場合でも、少なくとも相続開始から6か月間は、配偶者が居住を継続できるようにするということです。①と②の「いずれか遅い日まで」とされているのは、本来であれば遺産分割は2か月もあれば成立できるのに、配偶者が自宅の建物に住めなくなることを慮って遺産分割の成立を遅らせることがないようにとの配慮からです。

(3)　**配偶者が居住建物の遺産分割協議に参加しない場合**

この場合は、居住建物の所有者から退去を求められたときから、6か月間居住することが認められます。ところで、配偶者は自己が居住していた被相続人所有建物の遺産分割協議に参加するのが普通ですが、そうでない場合とはどのような場合をいうのでしょうか。

これには2つの場合があります。

①　居住建物が第三者に遺贈されていた場合

これは、被相続人が遺言で、現に配偶者が無償で居住している建物を第三者に遺贈してしまった場合です。遺贈されれば、その建物は遺贈を受けた者の所有になりますので、配偶者がその建物の分割協議に加わることはありません。

②　配偶者が相続を放棄した場合

被相続人の状況によっては資産よりも負債の方が多く、配偶者としても今後の生活を考えた場合、相続の放棄をせざるを得ない場合もあり得ます。その場合でも、居住建物の所有権を取得した者から退去を求められてから6か月間は、配偶者は住み慣れた自宅での居住を継続できるというものです。

3　配偶者短期居住権の実務上の取扱い

(1)　**配偶者の死亡**

配偶者短期居住権は、6か月前でも配偶者が死亡すれば消滅します。

7

(2) **配偶者短期居住権の譲渡の可否**
　配偶者短期居住権は、一定期間、無償で居住建物を使用することができる権利ですが、これを第三者に譲渡することは認められていません。
(3) **配偶者の居住建物に対する固定資産税等の負担**
　配偶者は、居住建物の通常の必要費を負担すると定められています。従って、配偶者は、居住建物の固定資産税・通常の修繕費を負担することになると解されます。

3 配偶者居住権の新設

QUESTION

今回の相続法の改正で、「配偶者短期居住権」とは別に「配偶者居住権」という権利も認められたそうですが、これは、どのような権利なのでしょうか。

ANSWER

POINT
- 相続開始時に被相続人の建物に住んでいた配偶者に対して、終身又は一定期間居住することを認める「配偶者居住権」を創設。
- 配偶者は自宅での居住を継続しつつ、他の財産も取得が可能。

1 配偶者居住権

配偶者が高齢者である場合には、住み慣れた居住建物を離れて新たな生活を立ち上げることは精神的にも肉体的にも大きな負担となると考えられることから、高齢化社会の進展に伴い、配偶者が原則として死亡するまで住み慣れた居住建物に居住することのできる権利（「配偶者居住権」）を認める制度が新設されました。

2 配偶者居住権が認められる要件

配偶者は、被相続人所有建物に相続開始時に居住していた場合は、下記の4つの方法のいずれかにより、居住建物全部について無償で使用及び収益する権利（「配偶者居住権」）を取得するものとされています。

① 遺産の分割により配偶者居住権を取得するものとされたとき
② 配偶者居住権が遺贈の目的とされたとき
③ 被相続人と配偶者との間に、配偶者に配偶者居住権を取得させる旨の死因贈与契約があるとき
④ 家庭裁判所による審判で配偶者居住権が認められたとき

配偶者居住権の取得原因は4つ → ①遺産分割　②遺贈　③死因贈与契約　④家庭裁判所の審判

　したがって、いわゆる「相続させる遺言」では配偶者居住権は発生させることができませんので、被相続人が「配偶者に、配偶者居住権を相続させる。」との遺言を残しても、配偶者居住権は認められません。

3　配偶者居住権の効力

(1)　配偶者居住権の存続期間

　原則は、配偶者の終身の間、配偶者居住権は存続します。ただし、遺産分割協議や遺言に別段の定めがある場合や、家庭裁判所の分割審判において別段の定めがされたときはその定めによるものとされます。

(2)　登記請求権

　配偶者居住権の設定された居住建物の所有者は、配偶者に対し、配偶者居住権の設定の登記を備えさせる義務を負うことになります。配偶者居住権は、これを登記したときは、居住建物について物権を取得した者その他の第三者に対抗することができます。これから不動産取引を行う場合には、当該居住建物に賃借権を有する者以外に、配偶者居住権を取得している者もあり得ることになりますが、それは建物の登記簿で確認することになります。

(3)　居住建物の全部の使用権

　配偶者居住権は居住建物の全部に及びますので、被相続人の生前に配偶者が居住建物の一部に居住していた場合でも、配偶者居住権が認められれば、配偶者は居住建物の全部に配偶者居住権を有することになります。したがって、被相続人が配偶者以外の者と居住建物を共有していた場合には、配偶者居住権は認められません。

(4)　配偶者の居住建物に対する固定資産税等の負担

　配偶者は、配偶者短期居住権の場合と同様に、居住建物の通常の必要費を負担すると定められています。したがって、配偶者は、居住建物の固定

資産税・通常の修繕費を負担することになると解されます。

4 配偶者居住権を活用するメリットとは？

配偶者が相続開始後もそれまで居住していた建物に住み続けたいと考えた場合には、改正前民法では、配偶者が居住建物を相続することになります。しかし、居住建物の価値が高額である場合には、配偶者は居住建物以外の金融資産を十分に相続できないということがあり得ます。

(1) 現行法のもとで起こり得る事態

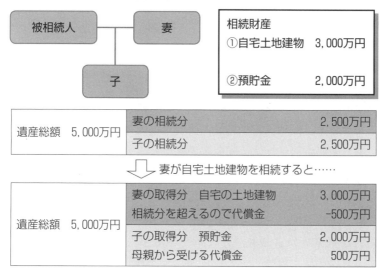

> 配偶者は住む場所は確保できるが、老後の生活資金が不足するおそれがある。

(2) 改正相続法の配偶者居住権を利用する

仮に配偶者居住権の評価を、所有権の2分の1であるとして、妻が配偶者居住権を取得した場合を想定すると・・・・

遺産総額　5,000万円	妻の取得分	配偶者居住権	1,500万円
		預貯金	1,000万円
	子の取得分	配偶者居住権付所有権	1,500万円
		預貯金	1,000万円

> ➢ 配偶者居住権の立法化により、配偶者は、自宅の居住を確保しつつ、他の金融資産等も相続することが可能になり、老後の生活の安定化を図ることができるようになる。

⑤　配偶者居住権の検討課題

⑴　配偶者居住権の譲渡は禁止されていること

配偶者居住権は譲渡が認められていません。したがって、配偶者が、配偶者居住権を取得した後、施設に入居することとなった場合に、配偶者居住権を売却して、売却代金を施設入所費用に充てることはできないことになります。配偶者居住権は、配偶者の死亡により消滅しますので、譲渡の対象とすることは好ましくないとの判断によるものと思われます。

⑵　配偶者居住権が遺贈された場合に配偶者が困ることはないか？

例えば、遺言で配偶者に配偶者居住権を遺贈したが、被相続人死亡時には配偶者が病気等により施設に入所せざるを得ない状況になっていた場合、配偶者居住権を取得しても意味がなく、むしろ、施設入所のための金融資産を相続したいという場合もあり得ます。このような場合でも、遺贈は放棄できますので、配偶者は遺贈を放棄すれば問題はありません。

⑥　配偶者居住権の評価

実務上は、配偶者居住権をいくらと評価するのか、相続税申告書に配偶者居住権の価額をどのように記載するかは大きな問題です。また、配偶者が死亡すると、配偶者居住権が終了し、居住建物の所有者は完全な所有権を取得しますが、このとき課税は発生するのか？という点も大きな問題です。この点は第1章のQ4及び第3章のQ2を参照してください。

4 配偶者居住権の相続税評価額

QUESTION

相続法の改正で配偶者居住権が創設され、令和元年度税制改正によりその配偶者居住権の相続税の評価方法が決まったそうですが、どのように評価するのでしょうか。

ANSWER

POINT
- 建物の耐用年数、経過年数、居住権の存続年数で決まる。
- 配偶者居住権は自用価額から所有権を控除して評価する。
- 小規模宅地等の特例や物納も適用可、登記もできる。

1 創設された配偶者短期居住権の相続税評価

配偶者が死亡した場合、もう一方の配偶者は相続人となり、民法改正により、配偶者短期居住権が認められることになりました。ただし、その期間は、遺産の分割により居住建物の帰属が確定した日か、相続開始の時から6か月を経過する日のいずれか遅い日までの間とされています（第1章Q2参照）。よって、遺産分割終了と同時に消滅する財産ですから、相続税の課税財産にはならないものとされます。

2 創設された配偶者居住権の建物の相続税評価の方法（相法23の2）

令和2年4月1日から施行される配偶者居住権について、令和元年度税制改正により、被相続人の財産であった居住用建物に配偶者居住権が設定された場合における配偶者居住権、及びその居住用建物と敷地の相続税評価の計算方法が次のように規定されました。

相続等により取得した建物の相続税評価額は固定資産税評価額とされており、配偶者居住権が設定された建物所有権や配偶者居住権の評価額は、それを基に次のように評価します。まず、建物所有権は残存年数を基準に評価し、配偶者居住権の評価は自用価額から建物所有権を控除します。

なお、複利現価率を計算する場合の法定利率は、民法の改正により令和2年4月1日以降は3％とされますので、それに基づき評価します。

(1) 配偶者居住権が設定された建物所有権の評価方法

建物の相続税評価額 × $\dfrac{(耐用年数 \times 1.5)^{※1} - 経過年数^{※1} - 居住権の存続年数^{※1※2}}{(耐用年数 \times 1.5)^{※1} - 経過年数^{※1}}$ × 配偶者居住権の存続年数に応じた民法の法定利率による複利現価率

※1　6か月以上の端数は1年とし、6か月に満たない場合は切捨て
※2　居住権の存続年数は、遺産分割協議等に定められた残存年数で、配偶者の完全生命表による平均余命（6か月未満切捨て）を上限とする

(2) 建物の配偶者居住権の評価方法

建物の相続税評価額 − 上記(1)の評価額

●配偶者居住権等の評価の考え方

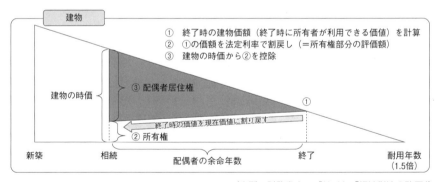

(出所：財務省ウェブサイト「相続税法の改正」)

3 創設された配偶者居住権の土地に係る相続税評価の方法

相続等により取得した土地等の相続税評価額は路線価等により評価しますが、配偶者居住権が設定された土地所有権や配偶者居住権の評価額は、それを基に次のように評価します。まず、配偶者居住権が設定された建物の敷地所有権は相続税評価額に存続年数に応じた複利現価率を乗じて評価し、建物の敷地に対する配偶者居住権は相続税評価額から敷地所有権を控除して評価します。

(1) 配偶者居住権が設定された建物の敷地所有権の評価方法

| 土地の相続税評価額 × | 配偶者居住権の存続年数に応じた民法の法定利率による複利現価率 |

(2) 建物の敷地に対する配偶者居住権の評価方法

土地の相続税評価額 − 上記(1)の評価額

●敷地を使用する権利等の評価の考え方

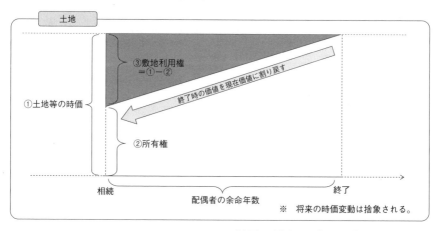

(出所：財務省ウェブサイト「相続税法の改正」)

●完全生命表の平均余命

	平均余命				平均余命				平均余命	
	男	女			男	女			男	女
50	32.36	38.07	67	17.85	22.47	84	6.69	8.94
51	31.44	37.12	68	17.08	21.59	85	6.22	8.30
52	30.54	36.18	69	16.33	20.72	86	5.78	7.70
53	29.63	35.24	70	15.59	19.85	87	5.37	7.12
54	28.74	34.31	71	14.85	18.99	88	4.98	6.57
55	27.85	33.38	72	14.13	18.14	89	4.61	6.05
56	26.97	32.45	73	13.43	17.30	90	4.27	5.56
57	26.09	31.53	74	12.73	16.46	91	3.95	5.11
58	25.23	30.61	75	12.03	15.64	92	3.66	4.68
59	24.36	29.68	76	11.36	14.82	93	3.40	4.29
60	23.51	28.77	77	10.69	14.02	94	3.18	3.94
61	22.67	27.85	78	10.05	13.23	95	2.98	3.63
62	21.83	26.94	79	9.43	12.46	96	2.79	3.36
63	21.01	26.04	80	8.83	11.71	97	2.62	3.11
64	20.20	25.14	81	8.25	10.99	98	2.46	2.88
65	19.41	24.24	82	7.70	10.28	99	2.31	2.68
66	18.62	23.35	83	7.18	9.59	100	2.18	2.50

●年3％の複利現価表

年数	複利現価	年数	複利現価	年数	複利現価	年数	複利現価
1	0.971	21	0.538	41	0.298	61	0.165
2	0.943	22	0.522	42	0.289	62	0.160
3	0.915	23	0.507	43	0.281	63	0.155
4	0.888	24	0.492	44	0.272	64	0.151
5	0.863	25	0.478	45	0.264	65	0.146
6	0.837	26	0.464	46	0.257	66	0.142
7	0.813	27	0.450	47	0.249	67	0.138
8	0.789	28	0.437	48	0.242	68	0.134
9	0.766	29	0.424	49	0.235	69	0.130
10	0.744	30	0.412	50	0.228	70	0.126
11	0.722	31	0.400	51	0.221		
12	0.701	32	0.388	52	0.215		
13	0.681	33	0.377	53	0.209		
14	0.661	34	0.366	54	0.203		
15	0.642	35	0.355	55	0.197		
16	0.623	36	0.345	56	0.191		
17	0.605	37	0.335	57	0.185		
18	0.587	38	0.325	58	0.180		
19	0.570	39	0.316	59	0.175		
20	0.554	40	0.307	60	0.170		

（注） 1　小数点以下第4位を四捨五入により作成している。
　　　 2　複利現価は、定期借地権等の評価における経済的利益（保証金等によるもの）の計算並びに特許権、信託受益権、清算中の株式、無利息債務等の評価に使用する。

（出所：国税庁ウェブサイト　複利表）

●住宅用建物の耐用年数表

構造・用途	耐用年数
木造・合成樹脂造のもの	22年
木骨モルタル造のもの	20年
鉄骨鉄筋コンクリート造・鉄筋コンクリート造のもの	47年
れんが造・石造・ブロック造のもの	38年
金属造のもの（骨格材の肉厚が、4mmを超えるもの）	34年
金属造のもの（骨格材の肉厚が、3mmを超え、4mm以下のもの）	27年
金属造のもの（骨格材の肉厚が、3mm以下のもの）	19年

（出所：国税庁ウェブサイト、一部改変）

(3) 分割時期のズレへの対応

　遺言でない場合、相続時点の評価額と分割時点の評価額が異なることになります。よって相続時の評価額を遺産分割時点の評価額の割合で下図のように修正することになりますのでご注意ください。

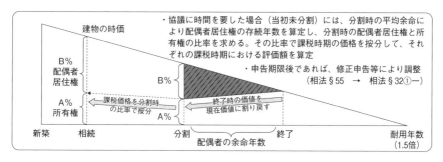

（出所：財務省ウェブサイト「相続税法の改正」）

4　小規模宅地等の特例との関係 （措令40の2⑥）

　なお、建物の敷地に対する配偶者居住権及び敷地所有権は、要件を満たしていればどちらも小規模宅地等の特例の対象となります。

　例えば、配偶者と子が同居しており、配偶者が配偶者居住権を子が所有権を取得した場合、どちらも小規模宅地等の特例の適用を受けることができます。ただし、対象面積は、敷地面積に、それぞれ敷地の用に供される宅地の価額又は権利の価額がこれらの価額の合計額のうちに占める割合

（価額按分）を乗じて得た面積であるものとみなして、特例が適用されますので、適用面積が増えるわけではありません。

小規模宅地等の特例の適用を受ける場合には、配偶者居住権と配偶者居住権が設定された宅地等の適用対象面積は、その宅地等の面積に、宅地等の価額に占めるそれぞれの割合を乗じて得た面積であるとみなされます。

事例

〈前提条件〉
- 第3章Q2の**2**の事例（相続）で計算した金額を用いる
- 宅地面積は300m²と仮定する

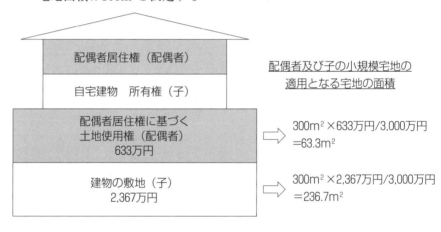

5 配偶者居住権が設定された不動産の物納

配偶者居住権が設定された不動産（建物・土地）を物納することができますが、物納劣後財産とされます。

6 登録免許税

配偶者居住権は登記することができ、その設定登記の登録免許税の税率は0.2%となります。

7 配偶者居住権の消滅時の取扱い（措令9-13の2）

被相続人から配偶者居住権を取得した配偶者とその配偶者居住権の目的となっている建物の所有者との間の合意や配偶者による配偶者居住権の放

棄により、配偶者居住権が消滅した場合等において、建物又は敷地等の所有者が対価を支払わなかったとき、又は著しく低い価額の対価を支払ったときは、原則として、建物等の所有者が、その消滅直前に、配偶者が有していた建物及び土地等の配偶者居住権の価額（対価の支払があった場合にはその価額を控除した金額）を、配偶者から贈与によって取得したものとされます。

　なお、配偶者居住権が期間満了及び配偶者の死亡により消滅した場合には課税されませんので、ご安心ください。

5 特別受益の持戻し免除の意思表示の推定規定

QUESTION

今回の相続法の改正で、配偶者の相続分を引き上げる案があると聞いていましたが、これに代わって、特別受益の持戻し免除の意思表示の推定規定が設けられたと聞きました。これは、どのようなことを意味しているのでしょうか。

ANSWER

POINT
- 婚姻期間が20年以上の夫婦間で居住用建物等を生前贈与又は遺贈された場合、特別受益の持戻しが不要。
- 配偶者居住権が遺贈・死因贈与された場合にも適用される。

1 特別受益の持戻し

民法では、被相続人が相続人に対して、婚姻、養子縁組その他生計の資本としての贈与をしていた場合は、贈与税を納付した上での贈与であっても、遺産分割協議の際には、その贈与分を、その相続人が相続財産の前渡しを受けたものとして、各自の具体的な相続分を計算することとされています（民法第903条）。これを「特別受益の持戻し」といいます。特別受益の持戻しは、次の方法で計算されます。

> 相続開始のときに有した財産に贈与の額を加えたものを相続財産とみなして計算した相続分の額から、その者の遺贈又は贈与の額を控除し、その残額をその者の相続分とする。

要するに、この制度は、生前贈与も、相続時にはこれを相続財産の一部とみなして遺産分割の際に精算する制度であるということになります。

これを図示すると以下のようになります。

例： A・Bのみが相続人で、被相続人からBへの生前贈与のケース

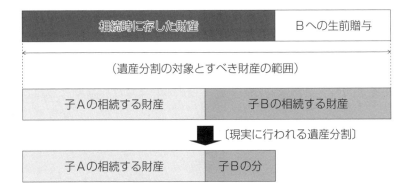

2 改正民法による特別受益の持戻し免除の意思表示の推定

　特別受益の持戻しが認められると、配偶者が居住用建物の生前贈与を受けても、その分が相続分の前渡しと扱われ、その分、配偶者の取り分が少なくなってしまいます。そこで、改正民法では、

> **改正民法第903条（特別受益者の相続分）第4項の趣旨**
> 　婚姻期間が20年以上の夫婦の一方である被相続人が、他の一方に対し、その居住の用に供する建物又はその敷地について遺贈又は贈与をしたときは、民法第903条第3項の持戻し免除の意思表示があったものと推定する。

との規定が新たに設けられました。この規定により、婚姻期間が20年以上の夫婦間で、居住用建物とその敷地が一方から他方に生前贈与又は遺贈された場合は、これについて特別受益の持戻しをする必要がなくなります。

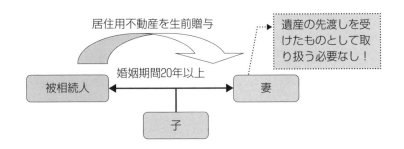

さらに、この規定は婚姻期間20年以上の夫婦間で配偶者居住権が遺贈や死因贈与された場合にも適用されますので、配偶者の保護が一層強化されたと言えるでしょう。なお、当初は配偶者の相続分を引き上げるとの案も提案されましたが、夫婦には様々な形態があること、特別受益の持戻し免除がなされれば配偶者の相続分が実質的に増加したのに類する効果があることから、配偶者の相続分の引上げは見送られることになりました。

第1章　資産家と相続法＆相続税法の改正

預貯金の払戻し制度の新設

QUESTION

これまで預貯金は、相続人が自分の法定相続分だけ払い戻すことは認められていたと思うのですが、改正民法では預貯金の仮払いの制度ができたとのことです。仮払い制度とはどのようなものでしょうか。

ANSWER

> POINT
> - 相続された預貯金債権の一定割合について、遺産分割前にも単独で払戻しを受けることが可能。

❶ 預貯金債権は「当然分割財産」から「遺産分割の対象財産」へ

　民法では、これまで、ゆうちょ銀行の定額貯金を除く、預貯金債権等の可分債権は当然分割財産とされ（当然分割ということは遺産分割協議は不要で相続開始時に当然に法的に分割済であるという意味です。）、各共同相続人は金融機関に対し、自分の法定相続分を払戻し請求することは認められていました。ところが平成28年12月19日の最高裁大法廷決定（判例タイムズ1433号44頁）により、判例が変更され、預貯金債権はいずれも、当然分割財産ではなく、遺産分割の対象財産であると解されることになり、<u>各共同相続人はこれまでのように法定相続分に応じた額の払戻し請求を単独で行使できないと解される</u>こととなりました。

❷ 改正民法の預貯金債権の位置付け

　改正民法も、前記の最高裁決定を踏まえ、預貯金債権は当然分割ではなく遺産分割の対象財産であることを前提としています。その結果、預貯金については、遺産分割協議が成立するまでは、各共同相続人が法定相続分に応じた額の払戻し請求を単独で行使できなくなり、被相続人の債務の弁済、葬儀費用の支出、生活に困窮する相続人の生活費の支弁、相続税等公租公課の支払に不便をきたすことが予想されます。

そこで、この不都合に対処するため、改正民法では、遺産分割協議が成立する前の段階で、預貯金の仮払いの制度を規定しました。
　改正民法で認められた仮払いの制度は以下の2種類があります。

❸　改正民法による預貯金の仮払い制度

| 預貯金債権を遺産分割の対象財産に変更 | | 遺産分割協議が成立するまで預貯金の払戻しができなくなる |

この不都合を回避するため、**預貯金の仮払制度が法定された**

(1)　家事事件手続法の保全処分による仮払い

　家庭裁判所に遺産の分割の審判又は調停の申立てをした場合に、被相続人の債務の弁済や、相続人の生活費の支弁その他の事情により預貯金債権を払い戻す必要があることを主張して、家庭裁判所の保全処分として、その遺産に属する特定の預貯金債権の全部又は一部を仮に取得させる旨の決定を求める制度です。ただし、家庭裁判所の遺産分割の調停や審判を申し立てることが前提となります。

(2)　預貯金の3分の1の法定相続分を金融機関の窓口で受ける制度

　各共同相続人は、遺産に属する預貯金債権のうち、その相続開始の時の債権額の3分の1に当該共同相続人の法定相続分を乗じた額（ただし、預貯金債権の債務者ごとに法務省令で定める額（150万円）を限度とする。）については、単独でその権利を行使することができることとなりました。この場合において、当該権利の行使をした預貯金債権については、当該共同相続人が遺産の一部の分割によりこれを取得したものとみなす、という制度が新設されました。

（預貯金債権×1／3）×法定相続分は単独で権利行使ができる！

　金融機関ごとに払戻しを認める上限額については、標準的な必要生計費や平均的な葬式の費用の額その他の事情（高齢者世帯の貯蓄状況）を勘案して法務省令で定めるものとされ、その上限額は150万円とされています。

第1章　資産家と相続法＆相続税法の改正

遺産分割前に遺産が処分された場合の遺産の範囲

QUESTION

　被相続人が死亡した後、遺産を調査すると、例えば相続開始後に遺産である預貯金が他の共同相続人の一人によって払い戻されていた等、分割前に遺産が処分されている場合があります。これについて、改正民法では何か対応策が定められているのでしょうか。

ANSWER

> **POINT**
> ・遺産分割前に遺産が処分されても、処分された遺産が存在することを前提に遺産分割協議が可能。

１　遺産分割前の遺産の処分と相続財産からの逸出

　改正前民法では、遺産分割協議前に相続財産を売却したり被相続人の預金から払い戻しする等、分割前に遺産を処分すると、処分された財産は遺産分割の対象から逸出してしまうことになります（次の事例参照）。

２　改正前民法の下での処理内容

◉相続人各自の具体的相続分（長男による1,000万円の引出しがなかった場合）

	(預貯金2,000万円)　＋　(生前贈与2,000万円)　×　$\frac{1}{2}$ ＝2,000万円
	相続開始時の財産　　　　　特別受益の持戻し
長男	既に2,000万円生前贈与で取得済であるので**今回の相続では取得分は０、トータルでは生前贈与の2,000万円を取得**
次男	自己の相続すべき分は2,000万円であるので、**今回の相続では相続開始時に存在する2,000万円を取得**

25

しかし、実際には被相続人の死後、長男が勝手に1,000万円を引き出しています。この場合、改正前民法では次のようになります。この1,000万円が遺産から逸出しますので、相続人各自の相続分が異なってきます。

●相続人各自の具体的相続分（長男による1,000万円の引出しがあった場合）

	$\underset{\text{相続開始時の財産}}{(預貯金1,000万円} + \underset{\text{特別受益の持戻し}}{生前贈与2,000万円)} \times \frac{1}{2} = 1,500万円$	
長　男	既に2,000万円を生前贈与で取得済であるが、特別受益の超過分は遺留分を侵害しない限り返却する必要がないので、**今回の相続では取得分は0**、**トータルでは生前贈与の2,000万円を取得**	
次　男	自己の相続すべき分は1,500万円であるが、実際の分割可能財産は1,000万円しか存在しないので、**今回の相続では相続開始時に存在する1,000万円を取得**	

次男から、長男に対し、1,000万円について不当利得の返還を求めるとしても、次男の法定相続分は2分の1ですから、1,000万円の2分の1の500万円しか取り戻すことはできません。これでは、長男が1,000万円を持ち出したために、次男の相続分が少なくなってしまい、公平を欠くと考えられます。

❸　改正民法による新たなルール

遺産の分割前に遺産に属する財産を処分した場合の遺産の範囲について、次の規律を設けました。
(1)　遺産の分割前に遺産に属する財産が処分された場合であっても、共同相続人は、その<u>全員の同意により、当該処分された財産が遺産の分割時に遺産として存在するものとみなすことができる。</u>
(2)　(1)の規定にかかわらず、共同相続人の一人又は数人により(1)の財産が処分されたときは、当該共同相続人については、(1)の同意を得ることを要しない。

この規定により、遺産分割時に長男が払い戻した1,000万円が存在することを前提に遺産分割協議が可能となり、不当な出金がなかった場合と同じ結果を実現できるようになりました。

8 自筆証書遺言の方式の緩和

QUESTION

遺言は、自筆で作成する場合は全て自筆で作成することが要件で面倒だと思っていたのですが、改正民法では遺言を簡単に作れるようになったと聞きました。どのように簡単になったのでしょうか。

ANSWER

> **POINT**
> - 自筆証書遺言に添付する財産目録は自筆でなくてもよくなった。
> - ただし、財産目録の各葉に遺言者の署名・捺印が必要。

1 改正前民法のもとでの自筆証書遺言の作成方式

改正前民法では、自筆証書遺言は全文を自筆で記載することが求められていました。このため、遺言書の本文を全文自筆で作成しても、遺言書に添付する財産目録も全て自筆で記載する必要がありました。遺言書本文を自筆で作成しても、財産目録をパソコンで作成しプリントアウトしたものを添付すると自筆証書遺言は無効になってしまいます。

| 「全文自筆」が要件 | | 遺言書本文だけではなく、財産目録も全て自筆であることが必要 |

しかし、国会の審議においても、家族の在り方が多様化していることに伴い、法定相続のルールをそのまま当てはめると実質的に不公平が生ずる場合があると指摘されており、被相続人の意思により法定相続のルールを修正することが必要である場合があり得ること、その意味でも、今後、遺言の重要性が増すことが想定されています。

そこで、遺言のより一層の活用を図ることが必要であると考えられました。このため、自筆証書遺言をもっと利用しやすくするための改正が行われました。今回の改正民法における自筆証書遺言の改正は、自筆証書遺言

の利用の促進策の一つとして位置付けられます。

2 改正民法による改正点

　改正民法は、自筆証書遺言の作成要件のうち、遺言書に添付する財産目録については、必ずしも自筆である必要はないとの改正を行いました。

自筆証書遺言の方式緩和
自筆証書遺言に添付する財産目録は自筆でなくともよくなった。

改正民法第968条（自筆証書遺言）

　自筆証書によって遺言をするには、遺言者が、その全文、日付及び氏名を自書し、これに印を押さなければならない。

2　前項の規定にかかわらず、自筆証書にこれと一体のものとして相続財産（第997条第１項に規定する場合における同項に規定する権利を含む。）の全部又は一部の目録を添付する場合には、その目録については、自書することを要しない。この場合において、遺言者は、その目録の毎葉（自書によらない記載がその両面にある場合にあっては、その両面）に署名し、印を押さなければならない。

目録の自筆不要の規定は、施行日（平成31年１月13日）前にされた遺言には適用なし。

傍線部分が新設条文
遺言と一体である財産目録は、自筆でなくともよく、パソコン印字でも、登記簿や通帳のコピーの添付もOKになった！

　今回の改正により、財産目録は必ずしもパソコンで目録として作成したものに限らず、不動産登記簿の全部事項証明書のコピーや、預貯金通帳のコピーを添付しても構いません。ただし、財産目録には、必ず各１枚ごとに、表裏の両面に目録が作成されている場合は、その両面に遺言者が署名捺印しなければならないことに注意してください。

第1章　資産家と相続法＆相続税法の改正

 9 自筆証書遺言の保管制度の創設

QUESTION

　自筆で作成する遺言は費用もかからず、簡便でよいのですが、万一、遺言書が紛失したり、後に書き換えられたりするリスクもあるかなと思って二の足を踏んでいました。改正民法では、遺言書保管制度ができるとのことですが、制度の概要を教えてください。

ANSWER

> **POINT**
> ・自筆証書遺言の保管制度を創設。
> ・遺言書保管制度を利用した遺言書については、家庭裁判所による検認が不要。

❶　「法務局における遺言書の保管等に関する法律」（遺言書保管法）の制定

　遺言書保管制度は、改正民法に規定されているのではなく、改正民法と共に立法化された「法務局における遺言書の保管等に関する法律」（遺言書保管法）によるものです。この法律は令和2年7月10日からの施行となります。この制度のポイントを説明します。

❷　遺言者による遺言書保管申請

　まず、遺言書の保管は、遺言者が自己の住所地又は本籍地を管轄する法務局に自ら出頭して行わなければならない、と定められています。つまり、遺言書の保管は、遺言者が代理人によって申請することは原則として認められず、遺言者自らが保管を担当する法務局に出向かなければなりません。

 遺言書保管制度は、当該遺言が遺言者本人によって作成されたものであることを確認するもの

29

❸ 保管の対象となる遺言書

　保管の対象となる遺言書は、自筆証書遺言書のみです。しかも<u>無封の自筆証書遺言</u>に限られています。要するに遺言書を封緘した封筒に入れたものは受け付けてもらえません。公正証書遺言、秘密証書遺言はともに対象とはなりません。

❹ 法務局が保管する遺言書にかかる情報の管理

　遺言書の情報管理は磁気ディスク等をもって調製する遺言書保管ファイルに以下の情報が記載されて保管されます。これにより、遺言書の紛失や後日の変造等の心配は解消されることになります。

> ①　遺言書の画像情報
> ②　遺言書に記載された作成年月日
> ③　遺言者の氏名、出生年月日、住所及び本籍（外国人の場合は国籍）
> ④　遺言書に受贈者や遺言執行者の記載があるときは、その氏名又は名称及び住所
> ⑤　遺言書の保管を開始した年月日
> ⑥　遺言書が保管されている遺言書保管所の名称及び保管番号等

❺ 遺言書情報証明書の交付請求等 （遺言書保管法第９条第１項）

　遺言者が死亡した後は、相続人、受遺者、及び遺言執行者等（「関係相続人等」）は、遺言保管官に対し、遺言書保管ファイルに保管されている事項を証明する「遺言書情報証明書」の交付を請求することができます。

❻ 遺言書保管事実証明書の交付

　遺言者が死亡した後は、何人も、遺言書保管官に対し、遺言書保管所における関係遺言書の保管の有無並びに関係遺言書が保管されている場合には遺言書保管ファイルに記録されている遺言書に記載された作成年月日、遺言書が保管されている遺言書保管所の名称及び保管番号を証明した書面（「遺言書保管事実証明書」）の交付を請求することができます。

第1章　資産家と相続法＆相続税法の改正

７　遺言書情報証明書の交付請求又は遺言書閲覧請求の結果

　遺言書保管官は、関係相続人等に対して遺言書情報証明書の交付又は関係遺言書の閲覧をさせた場合には、遺言書の存在を知らしめるために相続人、受遺者、遺言執行者等に対して遺言書を保管していることを通知しなければならない、とされています。

８　家庭裁判所による検認が不要

　遺言書保管制度を利用した遺言書については、家庭裁判所による検認手続きが不要となります。これも遺言書保管制度を利用する大きなメリットです。

31

10 遺言執行者の権限の明確化

QUESTION

今回の民法改正では、遺言執行者の権限を明確にするほか、従来とは異なる義務が遺言執行者に課されたとも聞きました。遺言執行については、どの部分が変わるのでしょうか。

ANSWER

POINT
- 遺言執行者がいる場合の遺贈の履行の権限などが明文化された。
- 遺言執行者の通知義務についても明文化されている。

1 遺言執行者の通知義務の明文化（改正民法第1007条第2項）

改正前民法には、遺言執行者は、就職を承諾した場合には直ちに任務を行えばよいのであって、遺言の内容を相続人に通知する義務は規定されていませんでしたが、改正民法では、遺言執行者は、その任務を開始したときは遅滞なく、遺言の内容を相続人に通知しなければならない、と定められました。

2 遺言執行者は相続人の代理人とみなす旨の規定の変更

改正前民法において「遺言執行者は相続人の代理人とみなす」旨の規定が「遺言執行者がその権限内において遺言執行者であることを示してした行為は、相続人に対して直接にその効力を生ずる。」に変更されました。この規定の変更は、「遺言執行者の任務は、遺言者の真実の意思を実現するにあるから、民法1015条が遺言執行者は相続人の代理人とみなす旨規定しているからといって、必ずしも相続人の利益のためにのみ行為すべき義務を負うものとは解されない。」（最判昭和30年5月10日）との判例に基づくものです。

❸ 遺言執行者がいる場合は、遺贈の履行は遺言執行者のみが行う

改正民法では、新たに、遺贈がされた場合において、遺言執行者がいる場合は、遺贈の履行は、遺言執行者のみが行うことができる旨が明文化されました。これは、特定遺贈がなされた場合、遺言執行者が無ければ、相続人が遺贈義務者となるが、遺言執行者がある場合は、受贈者からの所有権移転登記請求訴訟の被告となるのは遺言執行者であると同時に、遺言執行者しか被告となることができない（最判昭和43年5月31日）との判例に基づくものです。

❹ 遺言執行の妨害禁止のルールの変更

改正前民法では、「遺言執行者がある場合には、相続人は、相続財産の処分その他遺言の執行を妨げるべき行為をすることができない。」と定められ、遺言執行者がある場合、相続人が相続財産につきした処分行為は、絶対無効である。（大判昭和5年6月16日）と解されていました。

改正民法では、遺言の執行を妨げる行為は絶対無効ではなく、その無効は善意の第三者には対抗できないものとされ、また、相続人の債権者（相続債権者を含む。）が相続財産についてその権利を行使することを妨げないと規定されました。その結果、次のようになります。

	改正前民法	改正民法
遺言執行者がいる場合における遺贈に反する処分行為の有効性	絶対的に無効	無効であるが、善意の第三者には対抗できない。 ただし、無過失は要求されない。
遺言執行者がいる場合の遺贈財産に対する差押え	絶対的に無効	善悪を問わず権利行使が可能

❺ 遺言執行者の預貯金の払戻し・解約権限

改正前民法では、遺言執行者に預貯金の払戻し・解約等の権限があるかにつき争いがありましたので、改正民法では、預貯金債権について特定財産承継遺言（遺産の分割の方法の指定として遺産に属する特定の財産を共

同相続人の一人又は数人に承継させる旨の遺言）がなされた場合には、遺言執行者に預貯金の払戻し・解約権限があることが明らかにされました。

⑥ 特定財産承継遺言がある場合の遺言執行者の対抗要件を備える権限

「特定財産承継遺言」があったときは、遺言執行者は、当該共同相続人が、自己の法定相続分を超えて取得した財産についての対抗要件（不動産であれば不動産移転登記等）を備えるために必要な行為をすることができることが新たに定められました。

⑦ 遺言執行者の復任権

改正前民法では、遺言執行者が第三者にその任務を負わせるには、やむを得ない事由がなければできないとされていましたが、改正民法では、遺言執行者は、「自己の責任で第三者にその任務を負わせることができる。」との規定に変更されました。その代わりに、遺言執行者はやむを得ない事由がない限り、第三者の行った行為については全責任を負うことになります。

第1章　資産家と相続法＆相続税法の改正

遺留分の金銭債権化に伴う侵害額請求権とその税務

QUESTION

今回の民法改正では、遺留分に関する規定が大幅に変更されたと聞きました。遺留分の仕組みも変わってしまうのでしょうか。遺留分のどこが変更されたのか教えてください。

ANSWER

POINT

- 遺留分について、遺留分侵害額を金銭で請求する「遺留分侵害額請求権」という権利に変更された。

1　遺留分減殺請求権から遺留分侵害額請求権への変更

今回の改正において、最も大きな改正点の一つは、遺留分の取扱いです。改正前民法における「遺留分減殺請求権」という制度から、改正民法では「遺留分侵害額請求権」という権利に変更されます。

(1)　遺留分とは？

遺留分とは、「一定の相続人のために法律上遺留されるべき相続財産の一定部分」のこと、分かりやすく言えば、遺言や生前贈与によっても侵すことのできない相続人の最低限の取得分をいいます。

(2)　遺留分を有する相続人とは？

遺留分の定義には「一定の相続人のために法律上遺留される」とあり、全ての相続人が遺留分を有する者ではないことが分かります。遺留分を有する相続人とは、第三順位の血族相続人（被相続人の兄弟姉妹）を除く全ての相続人をいいます。

(3)　遺留分の割合とは？

遺留分の割合は、直系尊属のみが相続人の場合は全遺産の3分の1、その他の場合は全遺産の2分の1と規定されています。従って、被相続人の相続人が2人の子のみの場合、子の法定相続分は各2分の1、従って遺留分は全財産の2分の1が遺留分の対象財産ですから、2分の1×2分の1

35

＝4分の1となります。

② 改正前民法の遺留分減殺請求権

　改正前民法では、遺留分を侵害した生前贈与や遺贈については、遺留分減殺請求権が認められていました。遺留分減殺請求をした法的効果については、遺留分を侵害する生前贈与や遺贈は、遺留分を保全する限度でその効力が減殺される（つまり、その範囲で贈与や遺贈の効力が否定される）こととなり、贈与や遺贈された財産は受贈者又は受遺者と遺留分権利者とが共有する（遺留分権利者の共用持分割合は遺留分を侵害された割合）こととされていました。その意味では、遺言者の意思は完全には実現することができませんでした。

③ 改正民法の遺留分侵害額請求権

(1) 遺留分の金銭債権化

　改正民法では、「遺留分権利者及びその承継人は、受遺者（特定財産承継遺言により財産を承継し又は相続分の指定を受けた相続人を含む。以下この章において同じ。）又は受贈者に対し、遺留分侵害額に相当する金銭の支払を請求することができる。」（改正民法第1046条第1項）と定め、遺留分者の権利は、生前贈与や遺贈又は相続分の指定の効果を一部否定する遺留分減殺請求権ではなく、遺留分侵害額を金銭で請求する権利であると改めました。つまり、遺留分者の権利は、遺留分を侵害する財産を取得した相続人等に対して、その取得行為の効力を否定する権利ではなく、金銭を請求する権利に変更したものです。

① 　遺留分減殺請求権から、「遺留分侵害額請求権」へ変更

② 　遺留分侵害額請求権の行使により生ずる権利を金銭債権化した！

第1章　資産家と相続法＆相続税法の改正

その結果、改正民法は、遺留分減殺請求権についての物権的効力（財産の移転行為自体を否定する効力）を廃止し、金銭債権化することにより、遺言者の意思をそのまま実現できるようにしたこと、減殺後の共有状態の解消を巡る争いが生じなくなり、相続紛争の早期解決が期待されます。

(2)　**遺留分侵害額請求への相当の期限の猶予**

遺留分を金銭で支払うとなると、遺留分侵害額請求を受ける者は、その分、資金調達が必要になります。そこで、改正民法では、裁判所は、受遺者又は受贈者の請求により、遺留分侵害額請求により負担する債務の全部又は一部の支払いについて、相当の期限を許与することができる、と定め（改正民法第1047条第5項）、弁済期の猶予を求めることができるものとされました。

(3)　**現物で遺留分侵害額を払うと譲渡所得税がかかる**（所基通33-1の6）

税制においては、遺留分侵害額の請求の規定による遺留分侵害額に相当する金銭の支払い請求があった場合において、金銭の支払いに代えて、その債務の全部又は一部の履行として資産の移転があったときは、その履行をした者は、原則として、その履行があった時においてその履行により消滅した債務の額に相当する価額によりその資産を譲渡したこととされます。

つまり、現物で遺留分侵害額を払うと、その現物を侵害額相当額で譲渡したものとみなされ、譲渡所得税がかかることにご注意ください。

遺留分の算定方法の見直し

QUESTION

民法の定める遺留分が、民法改正により大きく変更されたそうですが、遺留分の算定方法も変更されたのでしょうか。変更されたとすれば、どのように算定方法が変わるのでしょうか。

ANSWER

POINT

- 相続人に対して贈与された場合、相続開始前10年以内に贈与されたものに限って、遺留分を算定する財産に加算できる。

1 遺留分の算定方法

(1) 遺留分を算定するための財産の価額

改正民法は、「遺留分を算定するための財産の価額は、被相続人が相続開始の時において有した財産の価額にその贈与した財産の価額を加えた額から、債務の全額を控除した額とする。」(改正民法第1043条)と定めていますが、この規定自体は改正前民法の1029条と変わりません。

(2) 改正前民法において加算される「贈与された財産の価額」

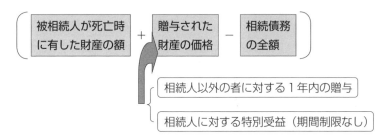

この規定のうち、「贈与された財産の価額」とは、相続人以外の第三者に贈与したものと、相続人に贈与したものがあり得ます。相続人以外の第三者への贈与は、贈与の当事者が、当該贈与により相続人の遺留分を侵害することを知ってしたものではない限りは、相続開始前1年以内の贈与に

限ります。これに対し、相続人への贈与は、このような期間制限はありません。改正前民法では、相続人への贈与は10年前でも15年前でも、それが信義則に反するような特別の事情がない限り、全て遺留分を算定する財産に加算されるものとしていました。

(3) **改正民法において加算される「贈与された財産の価額」**

改正民法では、相続人以外の第三者に対する贈与については従来どおりですが、相続人に対する贈与は、改正前民法のように無限定に加算するのではなく、相続開始前10年以内に贈与されたものに限定できることになりました。したがって、改正民法のもとでは、遺留分を算定するための財産の価額の算定は以下のようになります。

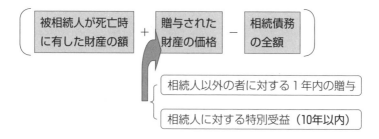

2　遺留分額の算定方法

この遺留分の算定のための財産に遺留分率を乗じれば、各遺留分を侵害された相続人の遺留分の額が算定できます。この点は改正前民法も同じです。

3　遺留分侵害額の算定方法

遺留分侵害額の算定方法については、改正前民法には特に明文の規定がありませんでしたが、改正民法でこれを明文化しています。

改正民法第1046条第2項（遺留分侵害額）

2 遺留分侵害額は、第1042条の規定による遺留分から第1号及び第2号に掲げる額を控除し、これに第3号に掲げる額を加算して算定する。

一 遺留分権利者が受けた遺贈又は第903条第1項に規定する贈与の価額

二 第900条から902条まで、第903条及び第904条の規定により算定した相続分に応じて遺留分権利者が取得すべき遺産の価額

三 被相続人が相続開始の時において有した債務のうち、第899条の規定により遺留分権利者が承継する債務（「遺留分権利者承継債務」）の額

　改正民法では、遺留分の侵害額は、上記**1 2**により算定された遺留分の額から、①当該遺留分権利者が遺贈や贈与の額を控除し、②当該遺留分権利者が相続分に応じて取得すべき財産の価額を控除し、③被相続人の債務のうち、当該遺留分権利者が承継する債務の額を加算して算定することになります。

13 権利の承継

QUESTION
改正民法では、相続により権利を承継する際のルールが大きく変わったそうですが、権利の承継のルールが変わるというのは、どういうことなのでしょうか。

ANSWER

POINT
- 相続させる旨の遺言で権利を承継した場合、対抗要件を具備しなければ、法定相続分を超える権利については第三者に対抗できない。
- 遺産の分割によって権利を承継した場合は、債務者に通知すれば対抗要件を具備したものとして扱われる。

1　権利の承継に関するルールの変更

改正民法では、相続人が被相続人から権利を承継することについて、主に2つの点でルールが明文化されました。一つは、これまで対抗要件が不要とされてきた「相続させる旨の遺言」で権利を承継した場合にも対抗要件を具備しなければ、法定相続分を超える権利については第三者に対抗できないことにルールが変更されたことです。もう一つは、債権を承継したときに、法定相続分を超えて承継した権利を第三者に対抗するための要件の特例について明文でルールが示されたことです。

2　相続させる旨の遺言による権利の承継にも対抗要件が必要となった

(1)　改正前民法による権利の承継に関する規律

改正前民法の下では、相続による権利の承継に形態と対抗要件の要否についての明文の規定がなく、それぞれの権利の承継の形態について、裁判所の判例で対抗要件の要否がルール化されていました。改正前民法の時代の権利承継の形態と対抗要件の要否は以下のようになっていました。

遺産分割協議による承継	遺贈による承継	相続させる旨の遺言による承継
法定相続分を超える分については対抗要件を具備する必要がある（**最判昭和46年1月26日**）	法定相続分を超える分については対抗要件を具備する必要がある（**最判昭和39年3月6日**）	法定相続分を超える部分についても対抗要件なく対抗できる（**最判平成14年6月10日**）

> これまで判例は「相続させる」旨の遺言による権利取得は登記なくして第三者に対抗できるとの見解

(2) 改正民法による権利の承継に関する規律

権利の承継について、新たに次の規定が設けられました。

> **改正民法第899条の2（共同相続における権利の承継の対抗要件）第1項**
> 相続による権利の承継は、<u>遺産の分割によるものかどうかにかかわらず</u>、次条及び第901条の規定により算定した相続分を超える部分については、登記、登録その他の対抗要件を備えなければ、第三者に対抗することができない。

「遺産の分割によるものかどうかにかかわらず」とは、遺産分割協議によるものであれ、相続させる旨の遺言に基づくものであれ、対抗要件が必要になるという意味です。

結局のところ、改正民法では、相続させる旨の遺言等により承継された財産については、登記等の対抗要件なくして第三者に対抗することができるとされていた改正前民法の規律を見直し、法定相続分を超える権利の承継については、対抗要件を備えなければ第三者に対抗することができないようになりました。

❸ 債権の承継に対する対抗要件の特例の明文化

債権の相続の対抗要件として、法定相続分を超える債権を承継した相続人が、当該債権の承継を第三者に対抗するためには、本来であれば、元々の債権の保有者であった被相続人の相続人全員から、債務者に対して、当該相続人が債権を承継した旨を通知するところですが、当該債権を承継し

第1章　資産家と相続法＆相続税法の改正

なかった他の共同相続人がこの通知に協力してくれるとは限りません。かといって、共同相続人全員が通知しなければ、その権利の承継をいつまでも第三者に対抗することができないということは不都合です。

　そこで、改正民法では、相続分を超えて当該債権を承継した共同相続人が当該債権を遺言で承継した場合には、その旨の遺言の内容を、遺産の分割により当該債権を承継した場合には、当該債権にかかる遺産の分割の内容を明らかにして債務者にその承継の通知をしたときは、共同相続人の全員が債務者に通知をしたものとみなすことにして、対抗要件が具備されたものと扱う、というルールを新たに規定したものです。

43

14 義務の承継

QUESTION

改正民法では、被相続人が、相続開始時に負担していた債務の承継についても、被相続人の債権者との間のルールを定めているそうですが、相続人が引き継いだ債務と、その債権者との関係は、どのようになるのでしょうか。

ANSWER

POINT

- 被相続人の債権者は、各相続人に対して、法定相続分割合に応じて債権を行使できる。

１ 義務の承継に関するルール

相続を原因とする権利義務の承継は、被相続人の遺言による相続分の指定や、遺産分割方法の指定（特定物に対する遺産分割方法の指定は、改正民法では「特定承継遺言」とよばれます。）等により行われますが、これらの方法により承継が行われる場合に、権利の承継についてはともかくとして、義務の承継に関しては、義務には債権者が存在していますので、その債権者等の第三者との関係では、どのような関係になるのかは改正前民法には明確な条文がありません。

そこで、改正民法では、相続分の指定がなされた場合に、被相続人の負担していた債務の債権者との関係がどのようになるのかについての、基本的な条文を設け、その関係を明らかにしました。

44

第1章　資産家と相続法＆相続税法の改正

❷　改正民法の義務の承継に関するルール

改正民法第902条の２（相続分の指定がある場合の債権者の権利の行使）

　被相続人が相続開始の時において有した債務の債権者は、前条の規定による相続分の指定がされた場合であっても、各共同相続人に対し、第900条及び第901条の規定により算定した相続分に応じてその権利を行使することができる。ただし、その債権が共同相続人の一人に対してその指定された相続分に応じた債務の承継を承認したときは、この限りでない。

　この条文は、被相続人が、各相続人の相続分を指定したとしても、被相続人の債権者は、各相続人に対して、法定相続分割合で債権を行使することができるとしたものです。

　具体的な例を挙げて説明します。

　例えば、被相続人Ｙに２人の子のＡとＢがいたとします。法定相続分はＡ・Ｂともに２分の１です。被相続人には１億5,000万円の財産と債権者であるＸに対する借金１億円があったとします。被相続人が遺言で相続分についてＡが100分の100、Ｂは100分のゼロと指定します。この結果、被相続人の死亡と同時に全財産はＡの所有になります（Ｂが遺留分の権利を行使するか否かはＢの意思次第です。）。この場合、Ａの相続分は100分の100ですから、１億5,000万円の財産とともにＹの借金１億円も、その100分の100の全てをＡが相続したことになるかといえば、そうではなく、亡Ｙの債権者であるＸは、Ｂの法定相続分である２分の１、すなわち5,000万円はＢに請求することができる、というのが改正民法の定めです。

❸　改正民法の義務の承継に関する考え方

　一般に、相続分の指定がされれば、各相続人は、権利も義務も指定された相続分の範囲で承継すると考えられがちなのですが、判例は、相続債務についての相続分の指定は、相続債務の債権者の関与なくされたものであるから、相続債権者に対してはその効力が及ばないと判断しているのです（例えば、最判平成21年３月24日等）。したがって、判例では、被相続人の債務は、被相続人の死亡と同時に当然に法定相続人に分割されて帰属する、いわゆる当然分割である、とされています。今回の改正民法では、こ

45

の判例の考え方に基づいて義務の承継についての条文化が行われました。したがって、この考え方によると、相続分の指定の場合だけではなく、遺言で、被相続人が、相続分はAが100、Bはゼロとし、被相続人の遺産のアパートはAに相続させる、その代わりにアパート建築時のアパートローン1億円の返済債務もAに相続させる、との遺言を作成したとしても、アパートローンの債権者である銀行等は、AとBに対して5,000万円ずつ請求することができることになります。

　しかしこれでは、Bにとっては不都合と考えられます。そこで、改正民法は、債権者が、被相続人の指定した相続分に応じた債務の承継（上記事例ではAが債務の全部を承継し、Bは借金を引き継がない）を承認したときは、指定された相続分による借金の返済で構わないとしています。

　アパート等、借金付きの財産を保有しているオーナーにとっては、注意すべき改正民法の規定です。

15 特別の寄与

QUESTION

これまで、寄与分は相続人にしか認められていなかったものが、改正民法では、相続人以外の者が被相続人の療養看護に努めた場合には寄与に応じた金銭が支払われると聞きました。新しい制度は、どのような内容なのでしょうか。

ANSWER

POINT
- 相続人以外の親族が被相続人の療養看護などにより特別の寄与を行った場合、相続人に対して金銭請求できる。

1 寄与分制度

　寄与分とは、共同相続人の中に、被相続人の事業に関する労務の提供や財産上の給付をしたり、被相続人の療養看護その他の方法により被相続人の財産の維持又は増加について特別の寄与をした者があるときに、その者が相続により受ける財産に寄与分を加えて取得させる制度です。寄与した相続人にはその分だけ多く、そうでない相続人にはそれなりに遺産を取得させる制度で相続人間の衡平を図るための制度です。

　しかし、寄与分は相続人にのみ与えられるものですので、相続人以外の者が、被相続人に財産の維持又は増加に寄与したとしても寄与分が認められるわけではありません。

2 改正民法における「特別の寄与」の制度

　しかし、改正前民法のもとでは、例えば、被相続人の療養看護は同居していた長男の妻が一手に行っており、他の子らは全く面倒を見ておらず、長男が死亡した後も長男の妻が長年にわたって被相続人の療養看護を続けていた場合でも、長男の妻は被相続人との関係では相続人ではありませんので、寄与分は認められません。長男の妻が長年にわたって献身的に療養

看護をしたために介護人等に委託する費用の支出を免れ、その分、相続財産が減少せずに済んだ分も、全く面倒を見なかった相続人が取得することになります。

そこで、改正民法では、相続人以外の被相続人の親族が、被相続人の療養看護等を行った場合には、相続人に対して金銭請求をすることができる制度（特別の寄与）を創設することになりました。

(1) **特別寄与者**

改正民法では、新たに「特別寄与者」という概念を設けます。特別寄与者とは、「被相続人に対して無償で療養看護その他の労務の提供をしたことにより被相続人の財産の維持又は増加について特別の寄与をした被相続人の親族」のことです。この特別寄与者は、被相続人の親族に限られますが、①相続人、②相続の放棄をした者、③相続欠格事由又は廃除により相続権を失った者は除外されます。寄与分の場合とは異なり、被相続人に財産を給付したことにより貢献した者は特別寄与者には該当しませんので、注意してください。

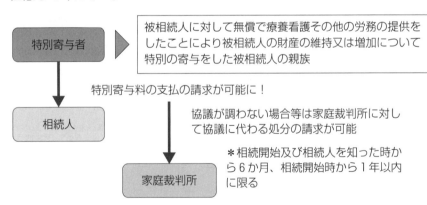

ただし、今回の改正は、被相続人の親族に寄与分を認めて寄与分決定手続に参加する権利を認めたものではありません。遺産分割手続きに、相続人以外の者が寄与分を主張すると、遺産分割手続きが長期化して相続紛争が長びくなどの弊害も考えられます。そこで、改正民法では、こうした懸念も考慮した上で、寄与した親族に、各相続人に対する特別寄与料の請求権という金銭の請求権を認めることにしたものです。なお、当事者間で協

第1章　資産家と相続法＆相続税法の改正

議が調わないときは家庭裁判所に対し、協議に代わる処分を請求できますが、その期間は、特別寄与者が相続の開始及び相続人を知ったときから6か月、又は相続開始の時から1年以内に限られますので併せて注意してください。

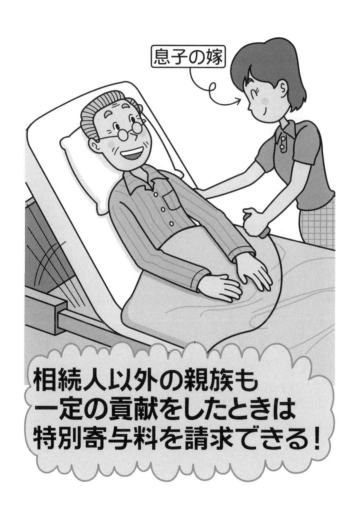

16 特別寄与料制度が創設、相続税の課税対象と債務控除に

QUESTION

民法改正で創設された特別寄与料で財産をもらった者や特別寄与料を支払った相続人等の課税関係はどうなるのでしょうか。

ANSWER

POINT
- 特別寄与料は遺贈とみなして相続税が課税されることに。
- 特別寄与料を支払った者は課税価格からその額を債務控除できる。
- 相続税の申告期限後に確定した場合には更正の請求をする。

❶ 相続人以外の貢献を評価できる制度

改正前は相続人にしか認められなかった寄与分ですが、実際に介護等の主体になっているのは相続人に限らないことも多く、これを解決するために相続法改正により、相続人以外の親族の貢献や寄与を評価できる特別寄与料の制度が創設されました（第1章Q15参照）。

この特別寄与について相続人と特別寄与者とで協議が調わないときは、相続開始及び相続人を知ったときから6か月以内（又は相続開始1年以内）に家庭裁判所への申立てを行わないとならないことになっています。

この特別寄与料の創設に伴い、令和元年度税制改正により、次のように、相続税法4条（遺贈により取得した者とみなす場合）及び13条（債務控除）の改正が行われました。

❷ 特別寄与料請求者への相続税課税

被相続人の療養看護等を行った相続人以外の被相続人の親族が、相続人に対して金銭（特別寄与料）の支払請求をした場合において支払を受けるべき特別寄与料の額が確定した場合には、その請求をした者（特別寄与者）が、特別寄与料の額に相当する金額を、特別の寄与を受けた被相続人から遺贈により取得したものとみなして相続税が課税されます。

第1章　資産家と相続法＆相続税法の改正

　この場合には、相続人以外の者が遺贈により財産を取得した場合と同様に取り扱われますので、以下の点にご注意ください。

●計算方法（相続人以外の者が遺贈により財産を取得した場合と同様）

> ・　基礎控除のうち法定相続人数比例部分（600万円）の適用なし
> ・　相続税の総額を計算する際の法定相続分なし
> ・　受領した特別寄与料により相続税の総額を按分し、特別寄与者の税額を算出。
> ・　相続人ではないため、原則として相続税額が２割加算される。

③　特別寄与料を支払った者の相続税の取扱い

　特別寄与者が支払いを受けるべき特別寄与料の額が、特別寄与者の課税価格に算入される場合においては、特別寄与料を支払うべき相続人が相続又は遺贈により取得した財産について、その相続人に係る課税価格に算入すべき価額は、その財産の価額からその特別寄与料の額のうちその者の負担すべき部分の金額を債務として控除することになります。なお、通常の債務控除と異なり、特別寄与料は相続時精算課税制度により加算された財産からも控除することができます。

④　相続税の申告義務及び修正申告・更正の請求

　なお、特別寄与料が確定し遺贈により取得したとみなされ、新たに相続税の申告書を提出すべき要件に該当することとなった者は、その事由が生じたことを知った日の翌日から10か月以内に相続税の申告書を提出しなければなりません。

　また、特別寄与料の支払いを受けたことにより、遺贈等により既に確定した相続税額に不足が生じた場合には、その事由が生じたことを知った日の翌日から10か月以内に相続税の修正申告書を提出しなければなりません。

　なお、家庭裁判所への申立て等があった場合には、まず期限内に特別寄与料が確定することはまれでしょう。その場合には、特別寄与料は無かっ

51

たものとして相続税の申告をすることになります。

　そこで、相続税の申告期限後に特別寄与料の支払いが確定したことにより、相続税額が過大となった時は、特別寄与料の額の確定を知った日の翌日から4か月以内に限り、更正の請求をすることができます。

◉申告期限までに支払いが確定しなかった場合

①　特別寄与料を取得し、新たに相続税の納税義務が生じる者 ⇒ 申告期限：特別寄与料の支払額が確定したことを知った日の翌日から 　**10か月以内**（相法29①）
②　申告期限までに特別寄与料以外の財産を遺贈により取得し申告を済ませている者 ⇒ 修正申告の期限：特別寄与料の支払額が確定したことを知った日の翌日から 　**10か月以内**（相法31②）
③　特別寄与料を支払うこととなった相続人で、申告期限までに取得した財産について既に申告を済ませている者 ⇒ 更正の請求可能期間：特別寄与料の支払額が確定したことを知った日の翌日から 　**4か月以内**（相法32①七）

第1章　資産家と相続法＆相続税法の改正

 民法（相続法）の施行時期

QUESTION

改正民法では、相続に関するルールが大きく変わるそうですが、改正民法の相続に関する規定は、いつから、施行されるのでしょうか。

ANSWER

POINT
- 改正民法（相続法）は、原則、令和元年7月1日から施行。
- ただし、施行日以降に開始した相続で経過措置が適用される場合もある。

1　改正民法（相続法）の施行時期の原則

　改正民法（相続法）の規定は、附則第1条により、「この法律は、公布の日から起算して1年を超えない範囲内において政令で定める日から施行する。」と定められています。改正民法は、平成30年7月6日に国会で成立し、平成30年7月13日に公布されましたので、その日から1年以内ということで、政令で令和元年7月1日から施行されることが決定されています。

　令和元年7月1日から施行されるということの意味ですが、附則第2条では、「この法律の施行の日（以下「施行日」という。）前に開始した相続については、この附則に特別の定めがある場合を除き、なお従前の例による。」と定めています。

　したがって、改正民法は、施行日前に開始した相続であっても、施行日以降に遺産分割協議をする際には適用されるのかというと、そうではありません。原則、施行日前に開始した相続については、施行日後に遺産分割協議や遺産分割の調停、審判を求める場合でも改正前民法が適用されます。改正民法が適用されるのは、原則として、施行日以降に相続が開始した場合です。

2　施行時期に関する上記原則に対する例外

　上記の原則に対し、一部の改正項目については、原則と異なる施行日が定められています。大別すると、以下の3つです。

53

施行期日	
原　　則	令和元年7月1日
例外1	自筆証書遺言の目録の自筆不要の規定は平成31年1月13日
例外2	配偶者居住権・配偶者短期居住権はいずれも令和2年4月1日
例外3	遺言書保管制度は令和2年7月10日

3　経過措置

　施行日については、上記のとおりですが、施行日以降に相続が開始した場合であっても、改正民法が適用されるか否かで迷うことがあります。例えば、改正民法では婚姻期間が20年以上の夫婦間で居住用不動産を贈与した場合には特別受益の持戻し免除の意思表示が推定されますが（Q5参照）、相続は施行日以降に開始しているのですが、居住用不動産の贈与行為は施行日前に行われていた場合には、改正民法は適用されるのか、自筆証書遺言は、施行日前に作成した遺言でも、施行日以降は目録の作成は自筆でなくともよくなるのか（Q8参照）といった問題です。これは経過措置に関する事項ですが、その主なものは、次のように定められています。

(1)　夫婦間における居住用不動産の遺贈又は贈与（Q5）は、施行日前になされた遺贈又は贈与については改正民法は適用されない。

(2)　遺産の分割前における預貯金債権の行使（Q6）については、施行日前に開始した相続であっても、施行日以後に預貯金債権が行使されるときは適用される。

(3)　施行日前に作成された自筆証書遺言については、目録は自筆でなくともよいとの改正民法の規定（Q8）は適用されない。

(4)　遺言執行者が相続人に遺言内容を通知する義務や、遺言執行者の権利義務を定めた規定（Q10）は、施行日前に相続が開始した場合であっても、施行日以後に遺言執行者となる者に適用される。

(5)　特定財産に対する遺言の執行（対抗要件の具備や預貯金の払戻し・解約権限）に関する規定（Q10）は施行日前になされた遺言には適用されない。

(6)　債権を承継した相続人が、遺言や遺産分割の内容を明らかにして債務者に通知すれば対抗要件の具備が認められること（Q13）については、施行日前に開始した相続により債権が承継された場合であっても、施行日後に承継の通知がなされる場合には適用される。

成年年齢が20歳から18歳に引き下げられる

QUESTION

成年年齢が20歳から18歳に引き下げられますが、18歳及び19歳の若者はどのようなことができるようになるのでしょうか。また、どのような点に注意すればよいでしょうか。

ANSWER

POINT
- 令和4年4月1日から、成年年齢が18歳に引き下げられる。
- 18歳及び19歳の若者も、単独で契約を締結することができる。
- 悪徳商法などによる消費者被害の拡大が懸念され、注意が必要。

1 成年年齢の引下げ

成年年齢を18歳に引き下げることを内容とする「民法の一部を改正する法律」が平成30年6月13日に成立し、令和4年4月1日から施行されます。わが国の成年年齢は明治29年（1896年）に民法が制定されて以来20歳と定められていますが、これは明治9年の太政官布告を引き継いだものといわれていますので、成年年齢の見直しは明治9年の太政官布告以来、約140年ぶりのこととなります。この法律が施行されると、令和4年4月1日の時点で、18歳以上20歳未満の方（平成14年4月2日生まれから平成16年4月1日生まれまでの方）は、その日に成年に達することになります。平成16年4月2日生まれ以降の方は、18歳の誕生日に成年に達することになります。

2 成年年齢の意味

民法の定める成年年齢には2つの意味があります。1つは、単独で契約を締結することができる年齢という意味、もう一つは親権に服することがなくなる年齢という意味です。成年年齢を18歳に引き下げることは、18歳

及び19歳の若者の自己決定権を尊重するものであり、成年としての積極的な社会参加を促すことになると考えられます。

⑴　成年年齢の引下げによりできるようになること

　成年年齢の引下げによって、18歳及び19歳の若者は、親の同意を得ずに、各種の契約をすることができます。例えば、携帯電話の購入や、賃貸借契約の締結、支払能力の審査をクリアすることを条件としたクレジットカードの作成、さらには、進学や就職などの進路も自分で決定できますし、10年有効パスポートの取得や、資格試験への合格等を条件として公認会計士、税理士や司法書士などの国家資格に基づく職業に就くこともできるようになります。なお、18歳及び19歳の若者が令和4年4月1日より前に親の同意を得ずに締結した契約は、今回の改正法の施行後であっても取り消すことができます。

⑵　成年年齢の引下げによってもできないこと

　ただし、民法の成年年齢が18歳に引き下げられても、それは民法が適用される分野に限られます。お酒やたばこに関する年齢制限は20歳のままですし、公営競技（競馬、競輪、オートレース、モーターボート競走）の年齢制限についても20歳のままとされています。これらは、健康被害への懸念や、ギャンブル依存症対策などの観点から、従来の年齢を維持することとされているものです。

　今回の成年年齢の引下げは、近年、憲法改正国民投票の投票権年齢や、公職選挙法の選挙権年齢などが18歳と定められ、国政上の重要な事項の判断に関して18歳及び19歳の若者を大人として扱うという政策が進められています。このような政策が進められていることを踏まえ、民法においても、18歳以上の者を成年として扱うのが適当ではないかということが議論されてきました。世界の潮流は成年年齢を18歳とするものが主流のようです。

　なお、女性の婚姻開始年齢は16歳と定められ、男性の婚姻開始年齢（18歳）とは異なっていましたが、今回の改正で、女性の婚姻年齢を18歳に引き上げ、男女の婚姻開始年齢を統一することとなりました。

⑶　成年年齢の引下げと養育費の支払期間

　未成年の子の養育費について、「子が成年に達するまで養育費を支払

う」との取決めがされていることがあります。成年年齢が引き下げられた場合であっても、取決めがされた時点では成年年齢が20歳であった場合には、20歳まで養育費を支払うとの意思のもとに合意したものと思われますので、従前どおり20歳まで養育費の支払義務を負うことになると考えられます。成年年齢が引き下げられたからといって、養育費の支払期間が当然に「18歳に達するまで」ということになるわけではないと考えられます。

❸　成年年齢の引下げと消費者被害の拡大の懸念

　民法では、未成年者が親の同意を得ずに契約した場合には、原則として、契約を取り消すことができると定められています（民法第5条第1項・第2項、未成年者取消権）。未成年者取消権は未成年者を保護するためのものであり、未成年者の消費者被害を抑止する役割を果たしてきました。成年年齢を18歳に引き下げた場合には、18歳～19歳の若者については未成年者取消権を行使することができなくなるため、悪徳商法などによる消費者被害の拡大が懸念されています。内閣府の調査では、消費者被害にあうかもしれないという不安を感じるか否かを16～22歳の者に調査したところ、「不安を感じる」とする者の割合が64.3％（「不安を感じる」25.0％＋「どちらかというと不安を感じる」39.2％）、「不安は感じない」とする者の割合が34.7％（「どちらかというと不安は感じない」19.9％＋「不安は感じない」14.8％）となっています。

　今後、小・中・高等学校等における消費者教育の充実や、若者に多い消費者被害を救済するための消費者契約法の改正、消費者ホットラインの周知や相談窓口の充実など、消費者被害を少なくするための環境整備がより一層求められるものと考えられます。

民法成年年齢の引下げに伴う税制の見直し

QUESTION

民法改正により令和4年4月1日から、成年年齢が18歳以上に引き下げられますが、税制上の取扱いはどのように変わるのでしょうか。

ANSWER

POINT
- 贈与税の受贈者の年齢要件を18歳以上に引下げ。
- 相続税の未成年者控除の対象年齢を18歳未満に引下げ。
- NISA・ジュニアNISAの年齢要件も18歳が基準に。

1 民法改正により、成年の要件が20歳から18歳以上に

民法が改正され、成年の年齢が令和4年4月1日以後から18歳に引き下げられます。その結果、次表のように相続税法上の取扱いが変わります。

◉令和4年4月1日以後に贈与により取得する財産に係る贈与税について適用

①	相続時精算課税制度	その年1月1日において60歳以上の父母又は祖父母から贈与があった場合において、その年の1月1日において20歳以上の子や孫などが受けることができる制度 ➡子や孫の年齢要件を18歳以上に
②	直系尊属から贈与を受けた場合の贈与税の税率の特例	父母や祖父母から、その年の1月1日において20歳以上の子や孫などへの贈与があった場合の特例税率 ➡子や孫の年齢要件を18歳以上に
③	非上場株式等に係る贈与税の納税猶予制度(特例制度についても同様とする)	納税猶予を受けることができる受贈者(特例承継受贈者)の年齢が20歳以上であること ➡年齢要件を18歳以上に

つまり、令和4年4月1日以後の贈与により取得する財産に係る贈与税から、受贈者の年齢要件が20歳以上から18歳以上に引き下げられます。

第1章　資産家と相続法＆相続税法の改正

2　相続税の未成年者控除の年齢要件が18歳未満に

　相続税の未成年者控除の対象となる年齢が、令和4年4月1日以後に相続若しくは遺贈により取得する財産に係る相続税から18歳未満に引き下げられます。その結果、18歳未満の相続人に対し、18歳に達するまでの年数×10万円に相当する金額が相続税から控除されることになり、増税となります。

◉令和4年4月1日以後に相続等により取得する財産に係る相続税について適用

相続税の未成年者の税額控除	相続や遺贈で財産を取得した時に20歳未満である人 ➡年齢要件を18歳未満に

3　その他の改正

　令和5年1月1日以後に、未成年者口座内の少額上場株式等に係る配当所得及び譲渡所得等の非課税措置（ジュニアNISA）の口座を開設する者の年齢要件の上限が、20歳未満から18歳未満に引き下げられます。

　同様に令和5年1月1日以後に、少額上場株式等に係る配当所得及び譲渡所得等の非課税措置（NISA）の口座を開設する者の年齢要件が、20歳以上から18歳以上に引き下げられます。

　また、個人住民税の非課税措置における未成年者の要件についても、改正後の民法と同様に20歳未満から18歳未満に引き下げられます。

◉ジュニアNISA、NISA、個人住民税非課税の未成年要件

①	ジュニアNISA （令和5年1月1日以後開設のものに適用）	口座開設、管理等ができる年齢上限が20歳未満まで ➡年齢上限を18歳未満までに
②	非課税口座制度（NISA） （令和5年1月1日以後適用）	口座開設者の年齢が20歳以上 ➡口座開設者の年齢が18歳以上に
③	個人住民税非課税	個人住民税の非課税措置における未成年の要件について、改正後の民法の未成年と同様にする 20歳未満➡18歳未満

資産家と債権法改正＆
税制の対応

民法債権法改正の概要

QUESTION

民法制定以来、約120年ぶりに民法の債権法が大改正されると聞きました。債権法というと、売買や賃貸借など、契約に基づく債権・債務の関係がどうなるのかを規律する法律だと聞いたことがあるのですが、債権法の改正により不動産賃貸経営等にはどのような影響があるのでしょうか。

ANSWER

POINT

- 民法（債権法）が改正され令和2年4月1日から施行される。
- 今回の債権法改正は、①分かりやすい民法、②社会経済情勢の変化に対応することを目的としている。
- 改正債権法は不動産賃貸経営に大きな影響がある。

1 民法改正の経緯

改正前民法は明治29年（1896年）に制定され、この間、抜本的な改正はほとんど行われていませんでした。しかし、明治時代と現代では社会経済情勢が大きく変化していますので民法をこの変化に対応させることが求められていました。さらに、この120年の間に裁判所の判例が大量に蓄積されていますので、法的な紛争を生じた場合でも民法典を見ただけでは必ずしも解決の基準が明確ではない場合がありました。なぜなら、裁判所の判例を考慮しないと実際の解決内容を見通すことが難しくなっているからです。

そこで、今回の民法改正は、第1に、民法を現在の社会経済情勢に即した内容にすること、第2に、民法を分かりやすい内容にすることの2点を目的として行われ、令和2年4月1日から施行されることになりました。分かりやすいという意味は、これまでに蓄積された判例を可能な限り民法の条文に盛り込む努力をするということをも意味しています。

第2章　資産家と債権法改正＆税制の対応

| 民法改正の
2つの目的 | 分かりやすい民法（判例を取り込み分かりやすくする） |
| | 明治以来の社会経済情勢の変化に対応する |

(1)　判例理論を取り込んだ分かりやすい民法

　従来の判例理論を盛り込んだ不動産取引に関する改正事項としては、不動産賃貸借についていえば、

①　敷金の定義や敷金の返還時期についての明文化

②　賃借物に対する賃借人の修繕権の明文化

③　賃貸借終了後の原状回復義務においては、賃借人は通常損耗については原状回復義務を負わないことの明文化

等々が挙げられます。いずれも、判例理論を明文化することによる実務への影響は大きなものがあると考えられます。

(2)　社会経済情勢の変化への対応

　民法を社会経済情勢の変化に対応させるための改正項目として、①法定利率を改正前の固定利率制から変動利率制へ移行、②消滅時効の制度や時効期間を原則として改正前の10年間から5年間に短縮する、③インターネット取引等の増大に伴う定型約款についての規制を設ける、といった改正のほか、保証人に深刻な問題が生じている実態を踏まえた保証人保護として、賃貸借の連帯保証人にも極度額規制を導入し（極度額規制の導入）、賃貸人には保証人に対する情報提供義務が課される（賃貸人の情報提供義務）などの改正が行われました。

２　民法改正の不動産賃貸経営に与える影響

　上記のとおり、改正民法（債権法）は、契約に関する規律を大幅に見直しましたので、売買、請負などの各種の契約に与える影響が大きいのですが、とりわけ不動産賃貸借においては、以下の5項目での大きな変化があり、賃貸経営に与える影響は大きなものがあります。

63

```
改正民法の賃
貸借に関する
主な改正事項
```

①不動産賃貸借の個人保証人との保証契約に極度額

②賃借人の賃貸目的物に対する修繕権の明文化

③敷金の定義と敷金返還時期に関するルールの明確化

④賃借物の一部滅失等の場合の賃料の当然減額

⑤原状回復義務に通常損耗は含まないことの明文化

賃貸借契約の連帯保証に関する改正

QUESTION

　新しい民法のもとでは、連帯保証に関する規制が変更になり、保証契約には極度額というものが必要になるのだと聞いたことがあります。改正民法が施行されると、従来の連帯保証契約をそのまま使用している場合には無効になることもあると聞いたのですが、どうすればよいのでしょうか。

ANSWER

> **POINT**
> - 個人を保証人とする連帯保証契約は極度額を書面で定めなければ無効。
> - 極度額とは保証人の責任限度額を意味する。
> - 既存の保証契約は、新たに保証契約を更新しない限り、極度額の設定は不要である。

1　個人を保証人とする連帯保証契約は極度額を書面で定めなければ無効

　改正民法では、保証人が思わぬ高額の保証債務を負わされ、経済的な破綻や生活の崩壊等が生じかねないことを考慮して、保証人が想定外の過大な保証債務を負うことのないように、保証人の責任範囲を明確にし、保証人を保護する制度の導入が図られました。不動産賃貸借の保証人についても、一定の範囲に属する不特定の債務の保証をするもの（これを「個人根保証契約」といいます。）ですから、保証債務の総額がいくらになるかが不明ですので、保証人が自己の保証債務の上限額を認識した上で保証契約を締結することができるように、「極度額」（保証の上限金額）を書面又は電磁的方法によって合意しなければ、保証契約を無効とするとの規制が新たに設けられました。

| 改正民法施行後の連帯保証契約 | | 極度額を連帯保証契約等の書面又は電磁的方法で定めない限り、連帯保証契約は無効 |

　したがって、新しい民法の下では、新たに賃貸借契約の連帯保証契約を個人と締結する場合には、極度額を必ず書面又は電磁的方法で定めなければ無効となります。

2　極度額とは保証人の責任限度額、責任の上限額を意味する

　極度額とは、保証人の責任限度額、分かりやすくいえば、保証人がいくらの金額まで保証するかという保証責任の上限額のことです。賃貸人からすれば、保証人の責任限度額は多ければ多いほど良いという面はありますが、あまりに高額の極度額を設定すると、連帯保証人のなり手がいなくなる恐れもありますので、それらを考慮した上で妥当な極度額を改正民法の施行日（令和2年4月1日）までに決定しておく必要があります。

3　極度額の規制はいつから始まるのか？

　改正民法の施行区分ですが、改正民法の規制は、原則として、改正民法施行前に締結していた契約には及ばず、改正民法施行後に新たに締結する契約に改正民法が適用されることになります。

　したがって、改正民法施行後に新たに締結する連帯保証契約には必ず極度額を書面又は電磁的方法により合意することが必要になります。問題は、改正民法が施行される前からの連帯保証契約で、改正民法施行後に連帯保証契約を更新する場合です。更新後の連帯保証契約は、改正民法施行前の契約を同一性をもって継続するだけだから相変わらず旧法のままで極度額の設定は不要だと考えてよいのか、それとも保証契約の更新を契機に改正民法が適用されるのか、という問題です。

　これについては、全ての法律に通ずる一律のルールがあるわけではなく、それぞれの法律ごとに個別にルールが定められることになります。改正民法では、賃貸借契約のような継続的な契約の場合には、改正民法施行

後に保証契約を更新した場合は、新規に契約を締結したものと扱われるものとみなすというのが法務省の見解です。したがって、連帯保証契約を、改正民法が施行された後も、更新しないで、当初の連帯保証契約がずっと継続している間は、新法施行後も極度額の定めのない連帯保証契約が有効と解されることになります。また、既存の保証契約については、当初の連帯保証契約をした賃貸借契約期間が満了し、改正民法施行後に、賃貸借契約のみが更新された場合や、自動更新条項により賃貸借が更新されたとしても、既存の保証契約については極度額規制は適用されないことになります。

　したがって、改正民法の極度額規制は、改正民法施行後に新規に賃貸借契約に伴う保証契約を締結する場合に適用されると考えてよいと思います。

連帯保証人への請求額が確定する時期

QUESTION

改正民法では、個人を保証人とする連帯保証契約は極度額を定めることになり、極度額の範囲内では、保証の対象となる債務は増えたり減ったりすると聞きましたが、それでは、極度額を定めた連帯保証人に対する請求額はいつ確定することになるのでしょうか。

ANSWER

POINT
- 賃貸借の連帯保証人の負担する債務の範囲は確定していない。
- ある一定の事情が発生すると保証債務の額が確定する。
- 保証債務の額が確定するのは、保証人に対する強制執行等がなされたとき、保証人が破産したとき、賃借人又は保証人が死亡したときである。

1　個人根保証契約の保証債務額

賃貸借の連帯保証契約は、賃貸借契約に基づいて発生する賃借人の不特定の債務（保証人が負担する債務の額はあらかじめ決まっているわけではありません。）を保証するものです。賃借人の債務は、賃貸借契約という「一定の範囲」に基づいて、例えば、賃料であれば、○月分、翌月分、翌々月分、……というように債務が発生し、いったん発生した債務が賃借人の家賃の支払によって消滅したり、ということを繰り返しています。

改正民法では、この賃貸借契約の連帯保証は、個人根保証契約として極度額を定めなければならない契約とされるわけですが、個人根保証契約の極度額を定める対象は、次のように定められています。

第2章　資産家と債権法改正＆税制の対応

> **個人根保証契約の極度額の対象**
> ①主たる債務の元本、②主たる債務に関する利息、③主たる債務に関する違約金、④主たる債務に関する損害賠償、⑤その他その債務に従たる全てのもの、⑥その保証債務について約定された違約金又は損害賠償の額

② 個人根保証契約の元本の確定

　一般に根保証契約といわれるものについては、このような根保証契約の被担保債権の元本がいつ、どのような場合に確定するのか、その元本の確定事由が定められています。主たる債務の範囲に、金銭の貸借や手形割引を受けることによって負担する債務（これを「貸金等債務」といいます。）が含まれている場合には、保証人が巨額の保証債務を負担するおそれがあることや主債務者が破産等の手続開始決定を受けた後は、新たに信用を供与しないこと等を考慮して、主たる債務者の財産状況が悪化したことが元本確定事由とされています。

> **貸金等債務の個人根保証契約の元本の確定事由**
> ①　債権者が主たる債務者の財産について、金銭の支払いを目的とする債権についての強制執行又は担保権の実行を申し立てたとき
> ②　主たる債務者が破産手続開始の決定を受けたとき

　しかし、貸金等債務の根保証の場合は、主たる債務者が強制執行を受けたり、破産手続開始決定を受ければ、その後に債権者が債務者に対して新たに貸付等を行って債権を発生させるということは考え難いことですが、賃貸借契約の連帯保証の場合は主たる債務者である賃借人が強制執行を受けたからといって直ちに賃貸借契約を終了させることができるわけではありませんし、賃借人が破産手続開始決定を受けたからといって賃貸借契約が終了するわけではなく、その後も賃貸借契約は継続し、新たな賃料債務等が発生し続けることが想定されます。このような場合に、主たる債務者

69

である賃借人の経済状態が悪化したからといって連帯保証人の個人根保証契約の元本が確定したのでは、連帯保証契約を締結した目的が達成されないことになります。そこで、改正民法は、貸金等債務についての個人根保証契約とは異なり、賃貸借契約におけるような、貸金等債務を含まない個人根保証契約についての元本の確定事由は、以下のように定めています。

賃貸借契約の連帯保証人に関する元本確定事由

①　債権者が、保証人の財産について金銭の支払いを目的とする債権について強制執行又は担保権の実行を申し立て、その手続の開始があったとき

②　保証人が破産手続開始の決定を受けたとき

③　主たる債務者又は保証人が死亡したとき

　賃貸借契約では、主たる債務者である賃借人が強制執行を受けたり、破産した場合にこそ、連帯保証人にその債務の弁済を期待するのが保証制度ですから、主たる債務者が強制執行を受けたことや、破産手続開始決定を受けたことは、元本の確定事由から外されています。

4 相続税における債務控除と保証債務

QUESTION

相続税法上、被相続人の債務で控除できるのは相続時に確定している場合に限られるそうですが、債務を保証しているような場合はどのように取り扱われるのですか。

ANSWER

POINT
- 債務は法定相続が原則、相続人間では債務負担を協議できる。
- 債権者に引受け者以外の者の免責をしてもらい手続きを行う。
- 連帯債務や保証債務も相続するので、生前にきちんと対応しておく。

1 債務は原則として法定相続

民法上原則は、法定相続人が全ての相続財産を法定相続分により相続することになります。よって、借入金債務も、原則として法定相続人が法定相続分を相続することになります。ただし、相続人全員が同意すれば誰が引き受けてもよいのですが、債権者が免責してくれない限り、相続人間の合意は債権者には対抗できません。一般的には、土地及び建物を担保にして借入れをし、収益物件を取得したような場合は、その土地及び建物を相続により取得した相続人がその借入金を全部引き受けることがほとんどです。相続税の申告上は民法と異なり、相続人間の合意において債務を引き受けた人がその引き受けた金額につき債務控除することになります。相続税申告の場合は、債権者の同意は関係ないのでご注意ください。

よって、この場合、他の相続人に影響を及ぼす併存的債務引受け（改正民法470条）にならぬよう金融機関と交渉し、免責的債務引受けとしておくとよいでしょう。民法改正においても、手続きが具体化されています（改正民法472条）。

② 保証債務も連帯債務も相続する

　相続で特に気をつけなければならないのは、このような被相続人自身の単独債務ではなく、他の人との連帯債務や保証債務です。連帯債務は連帯者が返済できなくなった場合には自分の負担部分だけでなく全額について、債務を返済しなければなりません。保証債務は債務者本人が返済できなくなれば相手の代わりに返済義務を負いますので、債務を全額返済しなければなりません。この返済義務も相続することになりますので、相続人は債務を相続しているのと同様の状態にあるといえます。

　にもかかわらず相続税の申告では、返済義務の確定している金額しか債務控除できません。相続税の申告で債務を引き受けていなくとも、債権者に責任はないと対抗することはできないのです。なお、現在の金融機関における名寄せでは、被相続人がどのような保証をしているかを調べることはできません。相続人にとっては過大な負担となる恐れのある借金の保証をするときには、事前に相続人と相談するなど、十分な配慮をしておく必要があるでしょう。

③ 複数の不動産を複数の相続人で取得する場合の注意点

　一度に複数の収益不動産を建設した、あるいは何本かの借入れにつき借換えによって借入金が一本化されているケースが見受けられます。これらの複数の収益不動産を１棟ずつ複数の相続人が取得した場合、相続税申告においては、相続人間の合意により自身が相続した不動産に係る債務のみを債務控除することはできますが、債権者に対しては債務が一本化されてしまっているため、おのおのの引き受けた債務のみを単独で引き受けることができないこともあり得ます。

　このような債務引受けを避けたければ、それぞれの債務に対する担保を当該物件のみとする複数の債務に分割するとよいでしょう。分割債務を単独で引き受け、債権者である金融機関から免責的債務引受けの取扱いを受けると、他の人の債務については責任がなくなるからです。

　できれば、相続が発生する前に、これらの手続きを済ませておくことが望ましいでしょう。

賃借人が保証人に対し情報提供義務を負う場合

QUESTION

改正民法では、賃借人は、連帯保証人に情報提供義務を負うことが定められたとのことですが、賃借人が情報提供義務を負うのは、どのような場合なのでしょうか。また、賃借人がこれに違反した場合、賃貸人には影響はあるのでしょうか。

ANSWER

POINT

- 賃借人は、事業のために負担する債務の保証人が個人である場合は、保証人に対し、情報提供義務を負う。
- 提供すべき情報とは、主に賃借人の資産の状況等である。
- 賃借人が情報提供義務に違反し、そのことを賃貸人が知ることができた場合には、保証人は保証契約を取り消すことができる。

1 連帯保証人に対する3種類の情報提供義務

　改正前民法には、保証契約の締結に当たって、保証人に対し、誰が、どのような情報を提供し、どのような事項を説明しなければならないかについての規定は設けられていません。しかし、改正民法では、保証人が想定外の高額の保証債務を負担するという事態から保護するため、保証人に保証契約のリスクを正しく認識できるようにするため、保証契約の進行段階に応じて、保証人に対する3種類の情報提供義務を定めています。3種類の情報提供義務とは、下記のとおりです。

> **保証人に対する3種類の情報提供義務**
> ① 保証契約締結時における事業のために負担する債務の個人根保証
>   契約における主たる債務者の保証人に対する情報提供義務
> ② 保証契約期間中における、委託を受けた保証人全般（個人・法人
>   を問わない）に対する債権者の情報提供義務
> ③ 主たる債務者が期限の利益を喪失した場合における、法人を除く
>   個人保証人全般に対する債権者の情報提供義務

　上記のとおり、改正民法において、賃借人が、保証人に情報提供義務を負うのは、1番目の、事業のために負担する債務の個人根保証契約（事業系賃貸借契約の連帯保証契約）を締結する時のみです。

(1)　**対象となる保証債務**

　賃借人が情報提供義務を負うのは、①事業のために負担する債務を主たる債務とする個人根保証契約か、②主たる債務の範囲に事業のためにする債務が含まれる個人根保証契約です。したがって、住居系賃貸借契約の個人の連帯保証人に対して、賃借人が連帯保証人に説明義務を負うことは義務づけられていません。しかし、貸ビルにおけるオフィスや店舗等の賃貸借契約の場合は、賃料債務等は事業のために負担する債務となりますので、事業系賃貸借契約の個人の連帯保証人に対しては、各テナントが情報提供義務を負うことに注意する必要があります。

(2)　**提供すべき情報の内容**

　保証契約締結時に賃借人が個人の連帯保証人に提供すべき情報は下記のとおりです。

第2章　資産家と債権法改正＆税制の対応

> **事業系賃貸借契約における賃借人の個人保証人に対する情報提供**
> ①　賃借人の財産及び収支の状況
> ②　主たる債務以外に負担している債務の有無並びにその額及び履行状況
> ③　主たる債務の担保として他に提供し、又は提供しようとするものがあるときはその旨及び内容

　事業系賃貸借契約の賃借人に上記内容の情報提供義務を課した目的は、連帯保証人が、現実に保証債務を履行しなければならなくなるリスクを正しく理解できるようにするためです。

② 賃借人が情報提供義務に違反した場合の効果

　賃借人が、上記の①〜③の説明を行わず、又は事実と異なる説明をしたことを賃貸人が知り、又は知ることができたときは、保証人は保証契約を取り消すことができるものとされています。義務に違反したのは賃借人であるのに、その効果は賃貸人に影響することになりますので注意が必要です。

③ 賃貸人の実務上の対応

　上記のように、賃借人が情報提供義務に違反した場合、賃貸人がこれを知っただけではなく、知ることができたときも保証契約が取り消されますので、賃貸人としては、保証人が賃借人から上記①〜③の説明を受けたことを確認するチェックシート等を作成して、事実確認をすることや、賃貸借契約及び連帯保証契約を締結する際に、契約書に、賃借人が保証人に必要な情報の提供をしたこと、保証人は賃借人から必要な情報の提供を受けた上で保証契約を締結することを確認する文言（これを「表明保証条項」といいます。）を記載しておくことが有益です。

75

賃貸人が保証人に賃借人の履行状況の説明義務を負う場合

QUESTION

改正民法では、賃貸人も、連帯保証人に情報提供義務を負う場合があるそうですが、賃貸人が情報提供義務を負うのはどのような場合なのでしょうか。また、情報提供が必要な場合には、どのような情報を提供する義務を負うのでしょうか。

ANSWER

POINT

- 賃貸人は委託を受けた保証人から請求があれば情報提供義務を負う。
- 賃貸人の情報提供義務の内容は、主に賃借人の履行状況等についてである。
- 賃貸人は、情報提供に関しては、守秘義務を免除される。

1 賃貸人が情報提供義務を負う場合

改正前民法では、賃貸人が、連帯保証人に対して情報提供を行わなければならないという特別の規定は設けられていませんでした。しかし、保証人としては、主たる債務者が債務を履行しているか否かは、保証人が保証責任を現実に負うか否かという点で重大な関心事項です。保証人が、債務者に対して、債務の履行状況を問い合わせても、正確な回答が得られる保証はありませんが、債権者である賃貸人に対して問い合わせれば、その回答は信頼できるはずです。しかし、債権者からは、債務者の債務の履行状況は、債務者の社会的信用にも関連する事項ですから、個人情報であるとして回答を拒否される場合もあり得ないことではありません。

そこで、改正民法は、①委託を受けて保証をした保証人は、②法人、個人の別を問わず、③債権者に対し、主たる債務者の債務の履行状況についての情報提供を求めることができる、ということを明文化しました。

第2章　資産家と債権法改正＆税制の対応

委託を受けた保証人に対する賃貸人の情報提供義務の内容

① 　主たる債務の元本

② 　主たる債務に関する利息、違約金、損害賠償その債務に従たる全てのものについての不履行の有無

③ 　上記①②の残額及び弁済期が到来しているものの額に関する情報

　したがって、建物賃貸借契約において、委託を受けて保証契約を締結した保証人、連帯保証人は、法人、個人を問わず、賃貸人に対して、賃借人の債務の履行状況を照会し、情報提供を求めることができることになります。

❷　委託を受けた保証人に対する賃貸人の情報提供義務を規定する目的

　委託を受けて保証契約を締結した保証人に対する、賃貸人の情報提供義務を規定した目的は、保証人に対し、賃貸人に照会して、賃借人の家賃債務の履行その他の債務の履行状況を知るための法的根拠を付与し、賃貸人が賃借人の債務の履行状況について情報提供することについては、賃借人に対して守秘義務を負うものではないことの法的根拠を明確にするためといわれています。賃貸人が管理会社に、保証人に対する情報提供義務を依頼することができるかということが問題になりますが、管理会社に情報提供を行うことを委託することは可能です。ただし、管理会社は守秘義務を免除されているわけではありませんので、その場合には、管理会社に対し、情報提供を行うことについての代理権を授与し、管理業者はあくまで賃貸人の代理人として情報を提供するということにしておく必要があります。

❸　賃貸人の情報提供義務違反の効果

　改正民法は、賃借人の情報提供義務違反の場合とは異なり、賃貸人が上記の情報提供義務に違反した場合の効果について直接に定めた特別な規定

は設けていません。

　このことは、委託を受けた保証人から、賃貸人に対してなされた賃借人の債務の履行状況に関する照会に対して、賃貸人が必要な情報の提供をしなかった場合には、一般の債務不履行の法理に従って処理されることを意味しています。

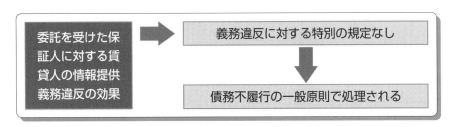

　債務不履行の一般原則で処理されるということは、保証人が情報提供を受けなかったことにより損害を被った場合には、保証人から賃貸人に対する損害賠償請求か、保証契約の解除ができるということになります。

敷金の定義と返還時期

QUESTION

改正前の民法で、敷金についての定めがなかったところ、改正民法で敷金についての規定が新たに設けられたとのことですが、改正民法では、敷金について、どのように定められたのでしょうか。

ANSWER

POINT
- 改正民法は、「敷金」について定義した。
- 改正民法は、賃貸借が終了し、かつ、賃貸物の返還を受ければ敷金の返還時期が到来することを明らかにした。
- 賃貸人は、賃借権の譲渡を承諾すると、敷金の返還時期が到来する。

1 改正前民法による敷金の取扱い

意外に思われることも多いのですが、改正前民法では、敷金に関する規定がありませんでした。従って、何をもって「敷金」というのか、敷金はいつ返還すればよいか、賃借人は敷金を預託しているのであるから、敷金の範囲までは賃料を不払いにしても敷金から充当せよと賃貸人に請求すれば賃料債務の不履行とは評価されないのか等については、いずれも民法の解釈と判例にその解決が委ねられていました。

そこで、改正民法では、分かりやすい民法にするとの観点から、これらの点について明文の規定をおくこととしています。

2 改正民法による敷金の定義

改正民法では、敷金を次のように定義しています。

敷金の定義	敷金とは、いかなる名目によるかを問わず、賃料債務その他の賃貸借に基づいて生ずる賃借人の賃貸人に対する金銭の給付を目的とする債務を担保する目的で、賃借人が賃貸人に交付する金銭をいう。

　改正民法では、敷金という名目であろうが、保証金その他の名目であろうが、およそ、賃借人から、賃貸人に交付する金銭で、賃貸借契約に基づく賃借人の金銭債務を担保する目的であるものは、全て敷金と定義されます。

3　改正民法の定める敷金の返還時期

　改正民法は、敷金の返還時期については、次のように定めています。

新民法の定める敷金の返還時期

　次に掲げるときは、賃借人に対し、その受け取った敷金の額から賃貸借に基づいて生じた賃借人の賃貸人に対する金銭の給付を目的とする債務の額を控除した残額を返還しなければならない。

　一　賃貸借が終了し、かつ、賃貸物の返還を受けたとき。

　二　賃借人が適法に賃借権を譲り渡したとき。

　まず、敷金は、「賃貸物の返還を受けたとき」に返還すると定められていますので、敷金の返還と賃貸建物の返還は同時履行ではありません。まず賃貸物の返還が先履行で、この返還を受けてから敷金を返還することになります。実務上も返還を受け、建物を現地見分した上で敷金の精算を行っていますので、これは賃貸借実務に副う内容の規定です。

　また、賃借権を適法に譲渡したときも敷金を返還することになります。賃借人が賃借権を譲渡した場合、敷金返還請求権まで当然に賃借権の譲受人に移転するわけではありません。賃借権を適法に譲渡しても敷金返還請求権は移転しませんので、旧賃借人に敷金を返還することになります。賃

第2章　資産家と債権法改正＆税制の対応

貸人が、直ちに敷金を返還するのではなく、賃借権の譲受人との間の賃貸
借が終了するまで敷金を返還しないようにしたいと考える場合は、賃貸借
契約において、賃借権が譲渡される場合には、賃借人は、賃借権の譲受人
に対し、自己の敷金返還請求権を債権譲渡することを義務付けておくとい
うことが考えられます。

❹　賃借人は未払賃料につき敷金から充当せよとは主張できない

　また、改正民法は、賃貸人は、賃借人が賃料その他の金銭支払債務を履
行しないときは、敷金をその債務に充当できますが、賃借人は、賃貸人に
対し、敷金をその債務の弁済に充てることを請求できないと定めていま
す。これも賃貸借契約実務に合致し、敷金の目的からしても相当な規定と
いえます。

8 賃貸物の一部滅失等による賃料減額

QUESTION

賃貸物件が地震や類焼などで一部が滅失したような場合には、賃借人からの減額請求を待って対応してきましたが、改正民法のもとでは、この点は何か変更されたのでしょうか。不動産オーナーにとって、大きく影響するような改正はなされたのでしょうか。

ANSWER

POINT

- 改正民法は、賃貸物件が地震や類焼などで一部が滅失したような場合には賃借人からの減額請求を待つことなく当然に賃料が減額される。
- 改正民法は、賃貸物件の一部滅失の場合以外に、賃貸物件の一部が使用収益不能の場合も賃料が当然減額になることを明らかにした。
- トラブル防止のために、賃貸借契約において、一部が使用収益不能となった場合の減額幅について合意しておくことも一つの方法である。

1 賃借物が一部滅失した場合の改正前民法の規定

改正前民法では、賃借物の一部滅失については、次のように定められています。

改正前民法第611条

賃借物の一部が賃借人の過失によらないで滅失したときは、賃借人は、その滅失した部分の割合に応じて、賃料の減額を請求することができる。
2　前項の場合において、残存する部分のみでは賃借人が賃借をした目的を達することができないときは、賃借人は、契約の解除をすることができる。

この規定により、改正前民法では、賃料の減額は一部滅失の場合に限られ、かつ、その効果は賃借人が賃料の減額請求ができるものとされていました。改正民法ではこの規定を大幅に見直しています。

第2章　資産家と債権法改正＆税制の対応

② 改正民法による賃借物が一部滅失等した場合の規定

> **改正民法第611条**
> 　賃借物の一部が滅失その他の事由により使用及び収益をすることができなくなった場合において、それが賃借人の責めに帰することができない事由によるものであるときは、賃料はその使用及び収益をすることができなくなった部分の割合に応じて、減額される。
> 　2　賃借物の一部が滅失その他の事由により使用及び収益をすることができなくなった場合において、残存する部分のみでは賃借人が賃借をした目的を達することができないときは、賃借人は契約の解除をすることができる。

③ 賃借物が一部滅失等した場合の改正前民法と改正民法との相違点

(1) 減額請求か当然減額か？

　賃借物の一部滅失に関する改正前民法と改正民法とを比較すると、第一に、改正前民法ではそれは賃料減額請求ができると定められていましたが、改正民法では、賃借物の一部が滅失した場合に、それが賃借人の責めに帰することができない事由によるものであるときは、賃料はその使用及び収益をすることができなくなった部分の割合に応じて当然に減額されることになります。要するに改正前民法と改正民法のこの点に関する差異は、賃料の減額請求の意思表示を要するか否かという違いにあります。もっとも、改正前民法の賃料減額請求権は形成権であり、かつ、一部滅失の当時に遡って効力を生ずると解されていますので、その法的効果は変わらず、単に賃料減額の意思表示が必要か否かの相違に過ぎません。

(2) 一部滅失以外の使用及び収益の不能

　改正民法では、一部滅失の場合以外に、「その他の事由により使用収益をすることができなくなった場合」も減額の対象となりますし、その効果も、従来は賃料減額請求ができるとされていたところ、改正民法では、賃料は、減額請求権の行使を問わず当然に減額されることになります。

83

新民法の賃借物の 一部滅失等の場合	賃借物の一部滅失の場合は当然に減額
	一部滅失以外にも使用収益できないと認められる 場合も賃料は当然に減額

　改正民法に関し、賃貸経営実務において問題となり得るのは、「その他の事由により使用収益をすることができなくなった場合」とは、どのような事態をいうのか、また、いくら減額になるのか、という点です。例えば住宅賃貸借契約において、風呂釜が壊れて真夏に相当期間、風呂を利用できなかったとすると、それは「その他の事由により使用収益をすることができなくなった場合」に該当するとして、いくら減額になるのでしょうか。また、オフィスビルで真夏にエアコンが故障した場合は、いくら減額になるのでしょうか。これらは、トラブルの素となりますので、賃貸借契約書において、あらかじめ想定される事由ごとに、いくら減額するかを合意しておくことも必要です。

9 賃借人による修繕権の明文化

QUESTION

新しい民法では、賃借人が一定の場合には賃借物を自分で修繕する権利が認められたと聞きました。本来、不動産オーナーが所有権を持っている他人の建物に賃借人が修繕できるということは、賃借人に新たな権利が付与されたのでしょうか。また、賃借人が修繕した場合には、修繕費用は誰の負担になるのでしょうか。

ANSWER

POINT

- 改正民法は、賃借人が一定の要件を満たした場合は、賃借人自らが賃借物件を修繕する権利があることを明文化した。
- 賃借人が修繕権を行使した場合は、賃借人は、賃貸人に対し、その修繕費用を「必要費」として直ちに請求することができる。
- トラブル防止のために、修繕権の行使方法について合意することが考えられる。

1 賃貸物件の修繕義務

改正民法では、改正前民法と同様に、賃貸物についての修繕義務は賃貸人にあることを規定しています（民法606条）。さらに、改正前民法には、その修繕が賃借人の責めに帰すべき事情によって生じた場合でも賃貸人に修繕義務があるのか否かについては明文の規定がありませんでしたが、賃借人の責めに帰すべき事情によって修繕の必要が生じた場合には、賃貸人には修繕義務がないことを明らかにしています。

2 賃借人の修繕権の明文化

改正民法では、一定の場合には、賃借人に賃借物を自ら修繕することができる旨の規定を設けています。民法で「…できる。」と規定される場合には、「…する権利がある。」というのと同じ意味ですから、この規定は、

賃借人に賃借物に対する修繕権が認められることを意味します。これは、改正前民法の下でも判例で認められていたもので、改正民法は、従来の判例理論を民法の条文に取り込んだものといえます。改正民法が、賃借人が自ら修繕することができると定めているのは、修繕が客観的に必要と認められることを前提として、下記の2つの場合です（改正民法607条の2）。

賃借人の修繕権の要件
① 賃借人が賃貸人に修繕が必要である旨を通知し、又は賃貸人がその旨を知ったにもかかわらず、賃貸人が相当の期間内に必要な修繕をしないとき
② 急迫な事情があるとき

　この規定は従来の裁判例によって認められた理論を民法で条文化したものですが、修繕の必要性があったか否か、賃借人の行った修繕行為は必要な範囲内のものであったか否か等々を巡り、争いが生ずる可能性もありますので、改正民法の下では、賃貸借契約において、修繕についてのルールを具体的に規定しておくことが必要になるものと思われます。例えば、修繕権を行使するために賃貸人に通知をする際には、修繕箇所、修繕すべき状況、費用の概算を明示して通知することを要する旨を定めることや、相当期間はどの程度の期間とするかなどを合意するのも一つの方法です。

③　賃借人が自ら修繕した場合の費用負担

　民法では、賃貸物件が修繕を要する状態になった場合は、修繕義務は賃貸人が負担しています。したがって、賃借人が自ら修繕した費用は、原則として、必要費として、賃借人は、賃貸人に対し費用償還請求をすることになります。

　賃貸人は、賃借人から、賃借人が修繕した費用の償還請求を受けた場合には、以下の点についてチェックすることになります。

　まず、客観的にみて、修繕の必要性があったか否か、という点です。賃借人が主観的に修繕が必要だと考えて通知しても、客観的に修繕に必要性

が認められなければ修繕権は認められません。

　次に、修繕の必要性自体は認められるとしても、必要な修繕の範囲を超えているのではないか、修繕と称するグレードアップではないか、という点もチェックしておく必要があります。

　また、賃借人の責に帰すべき事由による要修繕箇所は賃貸人には修繕義務がありませんので、賃借人に引き渡した時点の賃貸建物の状況を写真等で保存しておくことも必要となるでしょう。

修繕費と資本的支出

QUESTION

修繕権が債権法の改正で明文化され、税法上は経費として修繕に当たるものと資本的支出として資産価値を高めるものがあるそうですが、その取扱いはどうなっているのでしょうか。

ANSWER

> **POINT**
> - 修繕費は通常の維持管理・機能低下の修復の費用に限定される。
> - 資本的支出は使用期間の延長か価値の増加をさせるものである。
> - 修繕費はその年の費用、資本的支出は減価償却資産となる。
> - 区分けが困難な場合には形式基準による取扱いがある。

1 修繕費の取扱い

借家人に修繕権があることが債権法の改正で明文化されたため、老朽貸家のオーナーにとって維持管理はより重要となっています。賃借人に修繕を実行されて高い請求書だけが回ってくることの無いよう、こまめに修理・修繕をして建物のメンテナンスを心掛けたいものです。

修繕費は不動産所得の計算上必要経費となりますが、税務上の修繕費は一般的に修繕費といわれているものとは異なり、固定資産の通常の維持管理のため又は固定資産の機能等が低下した箇所を元の状態に修復するための費用をいいます。

例えば、比較的大規模な修繕を行ったときに、納税者が修繕費であると認識していても、税務上の解釈により「修繕によりその建物の価値が増加した」あるいは「使用可能期間が延びた部分がある」とされることもあり得ます。この場合、価値増加部分あるいは使用期間延長部分は、修繕費として必要経費に算入するのではなく、「資本的支出」として固定資産に計上し、減価償却費の対象とすることになっています。

実務上、支出内容により、明らかに修繕費あるいは資本的支出といえる

第2章　資産家と債権法改正＆税制の対応

ものもあります。しかし、修繕費か資本的支出になるかは明確に判断ができるものばかりではありません。そこで、通達により次表のような形式的な修繕費の判断基準が設けられています。

❷　修繕費の判断基準

少額又は周期の短い費用	次のいずれかに該当する場合は、全額修繕費になります。 ① 一の修理、改良のために要した金額が20万円未満であること。 ② その修理、改良がおおむね3年以内の周期で行なわれるものであること。
形式基準による修繕費の判定	一の修理、改良のための費用が修繕費か、資本的支出かが明らかでない場合で、次のいずれかの基準を満たせば修繕費としての処理が認められます。 ① その金額が60万円に満たない場合。 ② その金額が、その修理改良に係る固定資産の前年12月31日における取得価額のおおむね10％相当額以下である場合。
修繕費と資本的支出の区分の特例	一の修理、改良に要した金額のうち、修繕費か資本的支出かが不明の金額がある場合、継続適用を条件に、次の処理が認められます。 （判定基準） 支出した金額×30％ → どちらか少ない金額が修繕費となる 前年12月31日における取得価額×10％ → 支出金額－修繕費＝資本的支出

　修繕費にはならず、資本的支出として減価償却の対象となるからといって、オーナーにとって不利になるわけではありません。その年の費用にならずとも、耐用年数にわたって費用化され、最終的には全て費用となりますのでご安心ください。償却が終わるまでに相続が発生した場合には、次の世代に減価償却費を残すと思えば、結果として相続税対策になるといえるでしょう。

89

修繕した場合の相続税上の有利・不利

QUESTION

多額の修繕費がかかる場合、借家人との合意により家賃を据え置くけれども修繕は借家人に任そうと思います。修繕を家主が行い家賃を少し上げるよう交渉する場合と、どちらが税務上有利なのでしょうか。

ANSWER

POINT

- 家屋の相続税評価額は固定資産税評価額である。
- 家賃の増減や修繕の有無と相続税評価額は無関係である。
- 評価額に影響しない高額な修繕は相続前に行う方が有利である。

1 建物の評価と建築価額は無関係

家屋の相続税評価額は財産評価基本通達によると、実際に支払った建築費用とは関係なく、市町村の定めた固定資産税評価額とされています。固定資産税評価額は建物の請負価額及びその他の諸費用を合わせた合計額と比較すると低くなっており、建築当初であれば取得にかかった資金の合計金額の60％相当額前後であることが多いようです。

貸家の場合、借家権（30％）をさらに控除できますので、預貯金等と比較すると相続税法上非常に有利な財産であるとして、地主の方々に相続税対策として人気があります（次の事例参照）。

ただし、家屋の固定資産税評価額は3年ごとの評価替えの年に、再建築価格に基づき減価償却して評価し直されることになっており、3年ごとに少しずつ評価が下がります。なお、老朽化した家屋についても再建築価額を考慮し、経過年数に応じた経年減点補正率を掛けることになっています。この補正率は総務省の固定資産評価基準の別表に、建物の構造（木造か、鉄骨造、RC造かなど）、用途・種類（専用住宅か、事務所、店舗、旅館等かなど）の別によって定められていますが、率は最低でも0.2です。

つまり価格は0.2よりは何年経っても下がらず、どんなに老朽化して

も、家屋の評価額は新築時の2割までにしか下がらないのです。取壊しが前提である老朽家屋に対しても、このような評価額で相続税が課税されることになり、非常に不利といえるでしょう。

事例 現金2億5,000万円で収益不動産を取得（土地1億円、建物1億5,000万円）

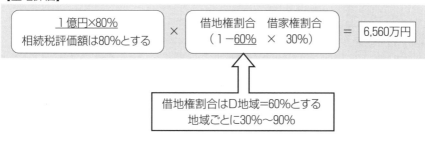

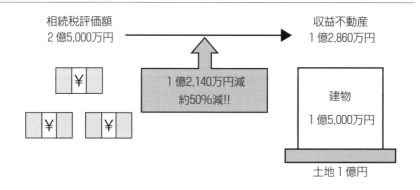

2 修繕費と固定資産税評価額との関係

経年劣化した家屋はあちこちの設備に問題が生じ、例えば、ベランダの手すりの塗替え、冷暖房器具の取換え、屋根や壁の修理など次々修繕を行う必要が出てきます。民法では、貸家については新旧を問わず、原則とし

て家主に修繕義務があり、また修繕をきちんと行うことは相続税の面で不利になるわけではありません。というのは、修繕は現状を回復するためのものですから、資産価値が下がらないだけで上がるわけではありません。よって、修繕により固定資産税評価額が上がることはありませんので、相続税の負担増を心配する必要がないのです。

　また、後継者にとっては、必要不可欠な貸家の大修繕は、生前に被相続人に行っておいてほしいことです。貸家の大修繕が終わってこれからは修繕費があまりかからない建物を相続するのに比べ、修繕がほとんどされておらず相続後に多額の資金負担が想定できる貸家を相続しても、原則として固定資産税評価額は同一なので、相続税の負担に差はないからです。

❸　修繕して家賃はきちんともらう

　しっかり修繕するかわりに低額の家賃を世間並みまで引き上げる家主と、家賃を据え置くかわりに借家人に自分で修繕費を負担してもらう家主とは、どちらが家主として有利でしょうか。

　まず、相続税評価額は原則として、どちらも同一の評価額で課税されますが、相続人にとっては相続後の家賃が異なることになります。なぜならば、賃貸物件がしっかり修繕されて世間相場の家賃をもらっている場合でも、修繕がほとんどされておらず世間相場の家賃をもらうことができない場合でも、家屋の固定資産税評価額は同一でしょう。また、土地等の相続税評価額も路線価を基準としていますので同一となるのです。

　家主が修繕費を負担すると、それに要した預金という相続財産が減少するにもかかわらず貸家及び貸家建付地の評価は上がりませんので、借家人に修繕費を負担してもらい家賃を据え置くのに比べ、相続税が減少します。にもかかわらず、相続後の収入の維持が見込まれるのですから、相続人にとってはきちんと修繕して貸家の財産価値を守るとともに、借家人との交渉によりこれからの適正家賃を確保しておいてくれれば、こんなに喜ばしいことはありません。

　家主の務めをはたし、また、相続税対策の一助ともなる、「貸家の修繕」について考慮すべき価値は十分あります。

第2章 資産家と債権法改正＆税制の対応

12 賃貸借終了時の賃借人の収去義務

QUESTION

　改正民法では、賃借人に収去義務が認められたとのことですが、今までとはどこが違うのでしょうか。改正民法では、契約が終了した際、賃借人が賃借物に附属させた物については、どのように処理することになったのでしょうか。

ANSWER

POINT

- 改正前民法は、賃借人の収去権を規定していたが、改正民法では、収去は賃借人の義務でもあることを規定した。
- 収去義務は、賃借人が賃貸物に設置した物を収去する義務であって、破損箇所や建物の損耗を回復する原状回復義務とは別個の義務である。
- 賃借人の収去義務の例外として、借用物から分離することができない物又は分離するのに過分の費用を要する物については、収去義務は負わないとしている。

1 収去権から収去義務の規定へ

(1) 改正前民法に定める賃借人の収去権

　改正前民法では、不動産賃貸借契約が終了した場合に賃借人がとるべき契約上の義務については、賃貸借の節には直接の条文はなく、使用貸借の規定を準用するという形式が採用されていました。

> **改正前民法第598条（現行民法における使用貸借の借主による収去）**
> 借主は、借用物を原状に復して、これに附属させた物を収去することができる。

> **改正前民法第616条（使用貸借の規定の準用）**
> …第598条の規定は、賃貸借について準用する。

93

改正前民法では、賃貸借に準用される使用貸借の規定において、契約終了時の措置としては、「借主は、借用物を原状に復して、これに附属させた物を収去することができる。」（民法598条）と定められており、この規定が賃貸借にも準用されています。したがって、改正前民法上は、賃貸借契約が終了した場合、賃借人が賃借物に附属させた物がある場合は、賃借人はこれを持ち去ることができるという意味で、「収去権」は規定されていますが、賃借人がみずから設置した物を取り去ることが義務であることを示す「収去義務」は規定されていませんでした。

(2) 改正民法に定める賃借人の収去権と収去義務

改正民法は、使用貸借の節に新たに借主の収去義務を規定し、これが賃貸借に準用されるという形式をとっています。その結果、改正民法の賃貸借については、賃借人には、賃貸目的物の収去権を持つと同時に、収去義務も負うということが明らかにされました。

❷ 改正民法による賃借人の「収去義務」の内容

改正民法は、使用貸借における借主の収去については、次のように定めています。

> **改正民法第599条における使用貸借の『借主による収去等』**
>
> 借主は、借用物を受け取った後にこれに附属させた物がある場合において、使用貸借が終了したときは、その附属させた物を収去する義務を負う。ただし、借用物から分離することができない物又は分離するのに過分の費用を要する物については、この限りではない。

> **改正民法第622条**
>
> ……第599条1項……の規定は、賃貸借について準用する。

したがって、改正民法の下では、賃借人は収去義務を負うことが明記され、収去義務が及ぶ附属物の範囲は、誰の所有物が附属されたかに関わりなく、賃借人が賃借物を受け取った後にこれに附属された物については全部収去義務を負うとされています。

第2章　資産家と債権法改正＆税制の対応

❸　改正民法による賃借人の「収去義務」の例外

　その例外は、賃借人が分離できない物を附属させた場合や収去に過分の費用を要する場合とされています。これについては他人の所有物である賃借物に分離できないような物を附属させることや、過分の費用を要する物を附属させること自体が問題ではないのか、収去義務の例外は、賃貸人がそれらの物を設置することを同意していた場合に限るべきだとの議論もありましたが、結果的には、賃貸人の同意は不要とされています。実際に例外と認められる分離不可物が壁のペンキ等である場合は、やむを得ないとも考えられます。

95

13 賃借人の原状回復義務

QUESTION

改正民法では、原状回復義務が定義され、賃借人は通常損耗については原状回復義務を負わない旨が明記されたとのことですが、今後は、通常損耗分を敷金から差し引くことはできなくなったのでしょうか。また、改正民法が施行された後も、通常損耗分を敷金から差し引くことを契約書に記載すると、民法違反の契約書だと言われることになるのでしょうか。

ANSWER

POINT

- 改正民法は、賃借人は通常損耗については原状回復義務を負わない旨を明文化した。
- 改正民法の原状回復義務については任意規定であるので、民法の規定と異なる原状回復特約も消費者契約法に反しない限り有効である。
- 民法の規定と異なり、通常損耗を賃借人の負担とする原状回復特約を作成する場合には、賃借人が負担する通常損耗の範囲を契約書に具体的に明記すること等が必要である。

1 改正前民法における原状回復義務

改正前民法では、賃貸借の節には、賃貸借契約が終了したときに、賃借人が原状回復義務を負うという直接の条文はありませんが、使用貸借が終了した際の民法598条を賃貸借に準用するという形式がとられています。改正前民法が使用貸借契約が終了した際の措置として規定している内容は下記のとおりです。

【改正前民法第598条】
借主は借用物を原状に復して、これに附属させた物を収去することができる。

この規定が、賃貸借に準用されていますので、賃借人は、借用物を原状に復す行為を行うことが予定されていることが分かりますが、賃借人が原

状回復義務を負うこと、その原状回復義務の内容がどのようなものかについては明文上は、必ずしも明確とは言い難い面がありました。

2 改正民法における原状回復義務

そこで、改正民法では賃借人が賃貸借契約終了時に原状回復義務を負うこと自体が明文化されますが、賃借人は通常損耗については原状回復義務を負わないことも併せて明文化されます。

新民法の原状回復義務 通常損耗については原状回復義務がないことを明記した。

その結果、通常の使い方をした結果発生する損耗、例えば畳表やクッションフロアの張替費用、ハウスクリーニング費用等については、賃借人は原状回復義務を負わないことが民法で明らかにされたことになります。この規定は、事業系賃貸借契約にも居住系賃貸借契約にも同様に適用されます。

3 改正民法における原状回復義務の規定は強行規定か？

民法改正作業の中間論点の整理の時点では、賃借人は通常損耗については原状回復を負わないという条項に続けて、さらに、賃貸人が事業者で賃借人が消費者である場合は、これに反する特約は無効とするとの条項案（強行規定化）が示されていました。しかし、改正民法では強行規定とする条項は削除されています。したがって、賃貸人が事業者であり、賃借人が消費者である場合の賃貸借契約においても、通常損耗を賃借人負担とする特約は、それが消費者契約法第10条（消費者である賃借人の義務を加重する契約条項で、信義則に反し、消費者の利益を一方的に害すると認められるものは無効とする。）に該当する場合を除き、有効と解されることになります。

| 新民法の原状回復義務を定めた規定 | | それ自体は強行規定ではない。消費者契約法第10条に違反しない限り有効！ |

4　通常損耗を賃借人負担とする条項を作成する場合の留意点

　判例は、建物賃貸借契約において、通常損耗が生ずることは賃貸借契約締結時に当然予想されており、通常は減価償却費や修繕費等の必要経費を折り込んで賃料の額が定められるものであって、賃借人が通常損耗の回復義務を負うことは賃借人にとって予期しない特別の負担を課されることになるから、通常損耗を賃借人が負担する特約が有効に成立するためには、賃借人が原状回復義務を負う範囲が契約書に明記されているか、そうでない場合は賃貸人が口頭で説明する等、賃貸人と賃借人との間で通常損耗負担特約が明確に合意されていることが必要であるとされています（最判平成17年12月16日）。したがって、通常損耗分を敷金から控除する特約をするには、賃借人が原状回復義務を負う範囲を契約書に明記することが必要となります。

第2章 資産家と債権法改正＆税制の対応

 14 民法債権法改正の施行日と経過規定

QUESTION

　改正民法は、いつから実施されるのでしょうか。また、改正民法施行前に契約した賃貸物件についても、改正民法施行日からは、改正民法の規定が全て適用されるのでしょうか。

ANSWER

POINT
- 改正民法は、平成29年6月2日に公布され、原則として、令和2年4月1日から施行される。
- 改正民法の施行日前に契約が締結された売買、賃貸借、請負、委任等については、改正民法施行後も、なお改正前民法の例により処理され、改正民法が適用されるのは、改正民法施行後に新規に契約されるものについてである。
- 法務省は、改正前に締結された賃貸借の保証契約が、改正民法施行後に更新された場合には、改正民法が適用されるとの見解と思われる。

1 改正民法はいつから適用されるのか

　改正民法は平成29年6月2日に公布され、改正民法附則第1条（施行期日）は、「この法律は、公布の日から起算して3年を超えない範囲内において政令で定める日から施行する。」と定め、政令では、原則として、令和2年4月1日から施行されることになりました。通常の法律は公布の日から1年以内に施行されるものが少なくないのですが、民法は私法に関する原則を規定した重要な法典であり、国民生活に重大な影響を及ぼすものですので、周知徹底のために約3年間を設けています。施行前に、民法典のどこが変わったのか、どのような点が問題となるのか、契約書はどのように書き換えるかを検討し、改正民法に対応していくことが求められているといえるでしょう。

99

2 改正民法施行前に締結済の賃貸借契約には、令和2年4月1日からは、当然に改正民法の規定が適用されるのか

これについては、改正民法附則第34条第1項に規定されています。同条項では、「施行日前に贈与、売買、消費貸借、使用貸借、賃貸借、雇用、請負、委任、寄託又は組合の各契約が締結された場合におけるこれらの契約及びこれらの契約に付随する買戻しその他の特約については、なお従前の例による。」と定めています。

この規定によると、改正民法が施行されるより前に、売買や、賃貸借、請負、委任等の契約を締結した場合には、改正民法の施行日である令和2年4月1日を経過した以降も改正前民法の規定による法律関係に従うことになり、改正民法の新しいルール等は、既存の契約には適用されないことになります。

また、民法附則第21条第1項は、「施行日前に締結された保証契約にかかる保証債務については、なお従前の例による。」と定めています。したがって、改正民法施行前に契約を締結済の賃貸借契約や連帯保証契約は、令和2年4月1日以降も、直ちに改正民法の規定が適用されることはなく、相変わらず、改正前民法の規定に従うことになります。例えば、改正民法では、賃貸借の保証人が個人である場合は、書面又は電磁的記録により極度額を定めなければ保証は無効となりますが、このルールは改正民法施行前である令和2年3月31日までに契約を締結した賃貸借には適用されませんので、改正民法施行後も、極度額を定めていなくても保証契約が無効とされることはないということになります。

3 改正民法施行後に契約を更新した場合は、どうなるのか

改正民法附則第34条第2項は、「前項の規定にかかわらず、新法第604条第2項の規定は、施行日前に賃貸借契約が締結された場合において施行日以後にその契約の更新に係る合意がされるときにも適用する。」と定めています。改正民法第604条第2項の規定は「賃貸借の存続期間は、更新することができる。ただし、その期間は、更新の時から50年を超えることができない。」との規定です。この規定から、賃貸借契約については、更新

後の法律関係については改正民法が適用されるとの見解もあるようですが、見解が分かれているのが実情だと思われます。実務上は、いかなる場合でも契約の効力が否定されることのないように、賃貸借契約については更新後の契約は改正民法が適用されることを前提に、契約書を作成しておけば、トラブルに巻き込まれることはないと考えてよいのではないかと思います。

15 不動産オーナーが施行日までに準備しておくこと

QUESTION

改正民法は、不動産の賃貸経営を行うオーナーにとって、影響が大きいと聞いています。施行日までに不動産オーナーが準備しておくべきことはありますか。

ANSWER

POINT

- 令和2年4月1日までに、賃貸借契約の保証人条項に極度額を規定する。そのために極度額として、いくらと定めるかを決定しておくことが必要となる。
- 事業系賃貸借の保証人が個人となる場合には、賃貸借契約書に、賃借人が保証人に対し、情報提供義務を履行し、保証人は賃借人から必要な情報提供を受けた上で保証契約を締結することについての表明・保証条項を準備しておく。
- 委託を受けた保証人から賃借人の債務の履行状況についての情報提供の請求がなされた場合に備え、何を情報提供するかの準備をしておく。
- 賃借物の一部使用収益不能の場合に備え、想定される事項（例えば風呂釜の故障、エアコンの故障、水道管の破損等）の場合に、それぞれ賃料がいくら減額されるかを賃貸借契約書に規定する準備をしておく。
- 原状回復義務の内容として、通常損耗について賃借人に負担を求めるか、求める場合には、負担を求める通常損耗の範囲を賃貸借契約書に具体的に明記することを準備する。

1 既に契約済の物件について改正民法施行日までに準備すべきこと

改正民法施行前に賃貸借契約を締結済の物件については、原則として改

第2章　資産家と債権法改正＆税制の対応

正前民法の例によることとなっています。従って、改正民法が施行される令和2年4月1日が到来したとしても、原則として、これまでと変わるところはありません。

　ただし、法務省は、賃貸借における保証契約について、改正民法施行後に更新する旨の保証契約を取り交わした場合には、改正民法施行後に新規契約を締結した場合と同様に考え、極度額の規制が適用されるとの見解のようですので、改正民法施行後には極度額を規定することができるように準備しておくことが必要です。ただし、保証契約を更新するのではなく、ただ単に賃貸借契約が自動更新条項に基づき自動更新されるだけの場合には、保証契約自体の更新契約をするわけではないので、極度額は不要と考えられます。

　また、改正前民法の判例を条文化した規定については、改正前民法でも同様のルールであったと考えることになります。例えば、賃借人の修繕権は、改正前民法でも同様に考えられます。また、賃借人の原状回復義務も改正前民法における判例を条文化したものです。

　したがって、これらの規定については、改正民法を契機として、賃借人から修繕権を主張されたり、通常損耗は原状回復義務がないことを主張されるというケースがあり得ます。これらに対し、どのように対処すべきかを事前に検討しておくことが必要になるものと思われます。

❷　改正民法施行後に締結する賃貸借契約、保証契約に対する準備事項

⑴　賃貸借契約の保証人条項に極度額を規定する

　新規に賃貸借契約を締結する際に、連帯保証人条項には、必ず極度額を規定することになります。したがって、極度額をいくらと定めるかを決定しておくことが必要となります。

⑵　事業系賃貸借の保証人が個人となる場合の表明・保証条項の準備

　事業系賃貸借の場合は、テナントが保証人に情報提供をしていない場合には保証人は保証契約を取り消すことができるようになります。したがって、賃貸借契約書に、賃借人が保証人に対し情報提供義務を履行したこ

103

と、保証人は賃借人から必要な情報提供を受けた上で保証契約を締結する、という内容の表明・保証条項を準備しておくことが必要になります。

⑶　**委託を受けた保証人からの情報提供請求への対応**

　委託を受けた保証人から、賃借人の債務の履行状況等に関する情報提供請求がなされた場合に備え、何を情報提供するかの準備をしておくことが必要になります。

⑷　**賃借物の一部使用収益不能の場合に備えた賃貸借契約書の見直し**

　想定される事項（例えば風呂釜の故障、エアコンの故障、水道管の破損等）の場合に、それぞれ賃料がいくら減額されるかを賃貸借契約書に規定して、トラブル防止を図る準備をしておくことが必要になります。

⑸　**賃貸借契約書における原状回復条項の見直し**

　賃貸借契約書に、賃借人は貸室を原状に復する義務を負う、とのみ記載した場合には、通常損耗（例えば畳表の張替え費用、ハウスクリーニング費用等）に対する原状回復は請求できません。まず、通常損耗について賃借人に負担を求めるか否かを決定しておきます。賃借人に通常損耗についての負担を求める場合には、負担を求める通常損耗の範囲を賃貸借契約書に具体的に明記しておかないと無効とされますので、これらを契約書に具体的に記載する準備をしておく必要があります。

第2章　資産家と債権法改正＆税制の対応

16 入居率の悪い賃貸物件の対策に係る税金の取扱い

QUESTION

　入居率が非常に悪い賃貸物件について、現状維持か建て替えを検討していますが、多額の立退料や取壊費用を払ってでも建て替えた方が、税務上メリットがあるのでしょうか。

ANSWER

POINT
- 貸家の相続税評価の減額は賃貸割合により計算する。
- 立退料とは無関係に相続税評価の借家権は一律30％控除される。
- 建替えを行うならば相続税の負担からは相続前が有利である。

1　賃貸割合が低いと相続税法上不利

　貸家建付地や貸家の評価では最後に賃貸割合を乗ずるため、賃貸部分が少ないと評価が上がることになります。1戸建ての場合、借家人が退去すると、宅地では約20％前後、建物については30％、相続税評価額が一挙に上昇します。また、アパート等では退去した借家人の賃貸部分の面積の割合で評価が上昇しますので、例えば、10室のうち2室しか借家人が残っていない場合、評価減割合が30％から30％×20％＝6％と大きく減少しているのです。

　賃貸が継続しているとみなされるならば空室であっても評価減の割合は変わりませんが、建て替えようとしている場合には借家人が退去しても新たな募集も行いませんので、空室のまま自用とみなされ評価が上がります。家屋については建替え予定ですから、家主にとっては取壊費用もかかる価値のないものとなっているにもかかわらず、相続税評価上は価値あるものとして課税されますので非常に不利な財産といえるでしょう。

事例

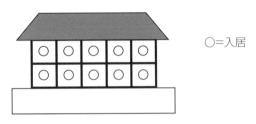

○=入居

建物 ･･▶ 3,000万円×(1−30%)= 2,100万円（貸家建物部分）

土地 ･･▶ 自用地価格
1億円×(1−60%×30%)= 8,200万円（貸家建付地部分）

計1億300万円

○=入居
×=未入居

建物 ･･･▶
3,000万円× $\frac{8}{10}$ = 2,400万円（自用建物部分）
3,000万円× $\frac{2}{10}$ ×(1−30%)= 420万円（貸家建物部分）
2,820万円

土地 ･･･▶
自用地価格
1億円× $\frac{8}{10}$ = 8,000万円（自用地部分）
1億円× $\frac{2}{10}$ ×(1−60%×30%)= 1,640万円（貸家建付地部分）
9,640万円

計1億2,460万円

第2章　資産家と債権法改正＆税制の対応

② 立退料は相続税評価上考慮されるのか

　借家人サイドから退去を申し出てくれれば原則として立退料は不要ですが、建替えのために家主サイドから退去してくれるように申し出れば相応の立退料を払うケースも想定できます。ところが、相続税評価の計算上は立退料が必要かどうかは全く考慮されず、建物を賃貸している場合には、すべて借家権（30％）が控除されることになっています。

　結果として、退去してもらうための立退料の金額が自用地としての評価額の30％相当額（税法評価上の借家権価額）以下であると想定される場合は、相続発生までにと明渡し交渉を急がなくてもかまいません。他方、立退料が自用地としての相続税評価額の30％相当額以上であると想定される場合は、相続までに明渡し交渉を成功させるとよいでしょう。結果として、借家権相当額以上に家主の相続財産が減少することになりますので、相続税の節税になるからです。

　どれくらいの立退料になるのかを想定するのは非常に困難ですが、普段の借家人との付き合いで快く退去に応じてくれる人か、退去になかなか同意してくれない人かを見極め、生前に立ち退きしてもらって賃貸建物を取壊してしまうかどうかを判断する必要があります。

③ 建替え予定ならば相続前に完了するのが有利

　耐震構造となっておらず、補強工事をすると多額の修繕費がかかる建物について空室が多い場合、数年の間に建て替えた方が経済効率が高いことも考えられます。このような場合には、相続発生前に立退き・取壊し・建替えを完了しておくとよいでしょう。立退料や取壊費用という高額の支出を相続財産から減少させる結果となるからです。

　さらに、建替えによる新築物件は賃貸開始時から貸家の評価になり、その敷地は貸家建付地の評価となります。建物の相続税評価は固定資産税評価額となり投下資金のおよそ60％以下になると予想され、満室であるならばさらに30％評価が下がり約40％評価額となります。土地の評価は貸家建付地として約20％評価が下がるのですから、非常に効果の高い相続税対策となるのです。

107

税法上の評価は？
土地の相続税評価、固定資産税評価は、建物の収益性に関係ない！

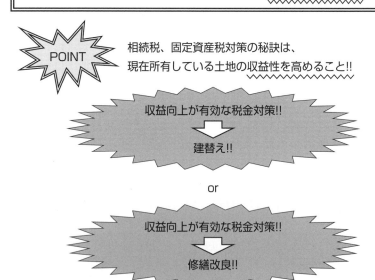

108

17 未払家賃の税務対応

QUESTION

　家賃や地代の未収金は債権確定したときに収入計上しなければならないそうですが、貰ってもいないのに税金がかかるこの頭の痛い問題には、どう対処すればよいのでしょうか。

ANSWER

> **POINT**
> - 収入計上すべき時期は契約で定められた支払日である。
> - 未収金は回収不能であることを法的に明らかにしないと経費は不可。
> - 返済不能なら契約解除して債務免除するのも相続税対策となる。

1 収入金額に算入すべき時期

　不動産所得の収入金額を確定するうえで重要なのは、その収入金額の計上時期です。不動産所得の総収入金額には、通常の家賃・共益費のほか、更新料・礼金など不動産の貸付けに伴い生ずる収入が含まれ、その収入の計上時期は賃貸契約で定められた支払日が原則です。

　つまり、実際に支払ったかどうかは税金の計算上考慮されず、契約上受け取ることができるかどうかで課税されるのです。家主にとっては払ってくれない家賃に対しても所得税がかかるので本当に頭の痛い問題です。

　不動産の賃貸の際に受け取る敷金や保証金などは、原則として契約が終了したときに借主に返還しなければなりませんが、最後の退去に伴う精算の際に、その返還すべき金額を未払家賃に充当することがよくあります。この場合には、退去時に取り立てた家賃は既に収入計上されていますから、退去時には収入金額とされません。

　強制的な退去による未払家賃の免除については、免除額は既に収入として計上されており税金を払っているのですから、この免除額は免除が確定した時に立退料に相当するとして、必要経費とすることができます。

❷ 未収金に対する課税上の取扱い

受け取っていなくとも、もらうべき権利がある場合には、税金はかかってくるのですが、本当に回収不能であると課税当局が認定すれば費用計上することができます。そのためには、次のような手続きが必要です。

例えば、夜逃げなどにより家賃が未払いのまま連絡が取れなくなった場合には、まず家主としてはどこに行ったか探す、保証人に家賃の催促をするなどの最低限すべき回収努力をする必要があります。これらの努力を十分したことを要件に、税務は貸倒れとして認めることになります。

この場合、その不動産の貸付けが事業的規模（5棟10室基準）で行われている場合は、その貸倒れが発生した年分の必要経費に算入できます。

事業的規模で行われていない場合（業務的規模）は、その貸倒れの金額は必要経費とはなりませんが、その代わりに、その未収家賃については収入金額がなかったものとして更正の請求をすることができます。

❸ 返済不能なら債務免除しておく

支払ってもらってもいない家賃に税金はかかるし、払ってもらえないことは確定してもさまざまな手続を踏まないと必要経費にもならないし、家賃を払ってくれない借家人は家主にとって最大の困りごとです。数回の不払いでも、早め早めの対応でトラブルを大きくしないよう努力します。

ただ、何年も溜まった家賃を取り立てることは非常に困難でしょう。それにもかかわらず、相続に際しては金銭債権であるとして相続税がかかりますので、相続人にとってはたまったものではありません。

こんな場合には契約解除し立ち退いてもらい、精一杯取り立てる努力をした後、返済の見込みがないことを法的に立証することができれば、思い切って債務を免除するとよいでしょう。家賃の場合は貸倒損失として経費とすることができ、相続の時は債権が存在しないのですから、相続税がかからないことになります。早めに検討し実行する必要があります。

民法改正を活用した
相続&相続税の賢い対策

配偶者居住権はどのようなケースで有効か

QUESTION

今回の民法（相続法）の改正で、「配偶者居住権」という権利が新たに認められたそうですが、わが家では、自宅の土地建物は長男である私が相続し、母親は死ぬまで私が責任をもって世話をするつもりです。配偶者居住権は必要ないようにも思うのですが、どのような場合に活用する意味があるのでしょうか。

ANSWER

> **POINT**
> - 配偶者が自宅の土地建物を取得したために金融資産を取得できない場合、配偶者居住権を活用する。
> - 配偶者に自宅の土地建物を生前贈与し持戻し免除の意思表示をしても遺留分侵害額請求がされるおそれがある場合に、配偶者居住権を遺贈又は死因贈与することにより遺留分侵害額請求をゼロないし低額化させるために活用する。
> - いわゆる後継ぎ遺贈と同様の活用が可能となる。

1 配偶者居住権を活用する場合

　自宅の土地建物については長男が相続し、母親は長男が引き取って自宅建物に継続して居住してもらうような遺産分割協議ができる場合には、あえて配偶者居住権を持ち出すこともありません。しかし、そのような遺産分割案に賛成する共同相続人がおらず、配偶者が住み慣れた居住建物に住み続けるには遺産分割協議において配偶者が自宅の土地建物を相続するほかないという家族関係の場合には、改正前民法のもとでは配偶者が自宅の土地建物を相続するしかありませんでした。それにより配偶者の居住は確保できても、自宅の土地建物の評価が、配偶者の法定相続分の大部分を占めるような場合には、配偶者は老後の生活に必要な金融資産を十分に確保することができなくなってしまいます。これに対し、配偶者居住権は、配

第3章　民法改正を活用した相続＆相続税の賢い対策

偶者が原則として死亡するまで居住建物に居住することができますが、土地建物の所有権価額に比べればかなり低額となります。これにより、配偶者は死ぬまで居住建物への居住を確保しつつ、自己の法定相続分に達するまで金融資産を相続することも可能になります。

② 婚姻期間が20年以上の夫婦間で配偶者居住権を活用する場合

　婚姻期間が20年以上の夫婦の場合は、自宅の土地建物を配偶者に生前贈与又は遺贈すれば、特別受益の持戻し免除の意思表示の推定規定により、配偶者は残りの金融資産等について自己の法定相続分を請求することができます。そうであれば、配偶者居住権は婚姻期間20年以上の夫婦の場合には必要がないと思われるかもしれません。しかし、持戻しの免除の意思表示が推定されたからといって、遺留分侵害額の計算において、生前贈与又は遺贈された自宅の土地建物の価額が除外されるわけではありません。持戻し免除の意思表示の推定規定は、遺産分割協議をする際の各相続人の具体的相続分を計算する際の問題であって、遺留分侵害額の計算には用いられないからです。したがって、持戻し免除の意思表示の推定規定があったとしても、土地建物の価額が被相続人の遺産全体の価額に対する割合によっては、自宅の土地建物の配偶者に対する生前贈与又は遺贈が他の共同相続人の遺留分を侵害することはあり得ます。そこで、自宅の土地建物の生前贈与又は遺贈を受けるのではなく、配偶者居住権の死因贈与又は遺贈を受ければ、配偶者居住権の価額は土地建物の価額よりもかなり低額となりますので、遺留分を侵害しないこともありますし、仮に侵害したとしても、侵害額はかなり低くなります。こうした場合には、配偶者居住権はかなり有益と考えられます。

③ いわゆる後継ぎ遺贈と同様の効果を発揮する配偶者居住権の活用

　家族関係によっては、配偶者に一定の財産は相続させるが、配偶者が死亡した後は特定の相続人に当該財産を取得させたいというケースがあります。例えば、被相続人が亡妻との間に3人の子をもうけ、高齢となってか

113

ら後妻を迎えたいという場合に、婚姻届を提出して後妻として迎えれば、被相続人の死亡後は後妻が全遺産の2分の1を取得することになるので、3人の子らが婚姻に反対するということがあり得ます。被相続人が、後妻の生活保障のために自宅の土地建物は後妻に遺贈し、後妻が死亡した後は自宅の土地建物は自分の長男に遺贈するという遺言（いわゆる後継ぎ遺贈遺言）を作成したとしても、民法上、土地建物が後妻の所有となった以上、後妻が死亡した際には、後妻の血族相続人に引き継がれることになり、いわゆる後継ぎ遺贈の遺言の有効性には疑義があります。こうした場合に、被相続人が、自宅の居住建物につき配偶者居住権を後妻に遺贈し、配偶者居住権付土地建物を長男に相続させる旨の遺言をしておけば、配偶者は死亡するまで居住建物に住み続けることができ、後妻が死亡すると配偶者居住権は消滅しますので、長男は自宅の土地建物の全ての権利を取得することになります。

第3章 民法改正を活用した相続＆相続税の賢い対策

 配偶者居住権は相続税対策になるのか

QUESTION

　配偶者居住権を設定した場合、所有権取得者の相続税評価額が減少するのですが、消滅時の課税関係はどのようになり、配偶者の二次相続時に節税効果はあるのでしょうか。

ANSWER

POINT
- 配偶者居住権と設定された土地の評価額の合計額が時価となる。
- 要件を充足すれば配偶者も所有者も小規模宅地等の特例は適用可。
- 配偶者の死亡による消滅時には課税されないので相続税対策になる。

1　配偶者居住権及び相続税評価方法の創設

　令和2年4月1日以後の相続から設定できる配偶者居住権（第1章Q3）について、相続税評価の計算方法が創設されています（第1章Q4）。

　配偶者居住権は不動産の相続税評価額から所有権の評価額を控除して計算しますので、相続税の額は増加することも減少することもありません。次の**2**の設例で評価額を計算してみましょう。配偶者の相続分と子の相続分を合計すると、単独で相続した場合と評価額が一緒になることが確認できます。

2　設例（前提条件）

① 夫に相続が発生、妻は85歳（夫死亡時）
② 自宅建物相続税評価額　1,000万円
　（金属造 骨格材の肉厚3.2mm：耐用年数27年、経過年数15年）
③ 自宅土地相続税評価額　3,000万円
④ 子が自宅の建物・土地を相続、妻は建物に配偶者居住権（終身）を設定

(1) 配偶者居住権が設定された建物所有権の評価額（子の相続分）

$$1,000万円 \times \frac{(27年 \times 1.5)^{※1} - 15年^{※1} - 8年^{※1※2} = 18年}{27年 \times 1.5 - 15年 = 26年} \times 0.789^{※3} = 5,462,307円$$

（※1）6か月以上は1年に切上げ、6か月未満は切捨て
（※2）居住権の存続年数　85歳女性の完全生命表による平均余命（6か月以上は1年に切上げ、6か月未満は切捨て）…8.30年⇒8年
（※3）複利現価率　年利率3％のときの8年の場合…0.789

(2) 建物の配偶者居住権の評価額（妻の相続分）

10,000,000円 − 5,462,307円 = 4,537,693円

(3) 配偶者居住権が設定された建物の敷地所有権の評価額（子の相続分）

30,000,000円 × 0.789 = 23,670,000円

(4) 建物の敷地に対する配偶者居住権の評価額（妻の相続分）

30,000,000円 − 23,670,000円 = 6,330,000円

(5) 配偶者居住権の評価額（(2)+(4)、妻の相続分の合計）

4,537,693円 + 6,330,000円 = 10,867,693円

(6) 配偶者居住権が設定された建物とその敷地の所有権の評価額（(1)+(3)、子の相続分の合計）

5,462,307円 + 23,670,000円 = 29,132,307円

3 配偶者の死亡時には課税はないので相続税減少効果がある

　このように、相続時に配偶者居住権を設定しても相続財産評価額の合計額が変わるわけではないので、相続税の節税になるわけではありません。

　ただ、配偶者とその配偶者居住権が設定された建物の所有者との間の合意や配偶者による配偶者居住権の放棄により、配偶者居住権が消滅した場合には、建物及び土地等の所有者が、その消滅直前に、配偶者が有していた配偶者居住権の価額（対価の支払があった場合にはその価額を控除した金額）を、配偶者から贈与によって取得したものとみなされ、贈与税が課税されます。しかし、配偶者居住権が期間満了及び配偶者の死亡により消滅した場合には課税されません。

　つまり、配偶者居住権を設定することにより、第一次相続時に子が取得した不動産については大きく相続税評価額が下がることになり、配偶者死亡時の第二次相続においては、消滅した配偶者居住権について相続税がかからないのですから、相続税対策の効果があるといえるでしょう。

特別受益の持戻し免除の意思表示の推定規定の活用法

QUESTION

今回の相続法の改正で特別受益の持戻し免除の意思表示の推定規定が設けられたと聞きました。これは、どのように活用することができるのでしょうか。

ANSWER

POINT

- 婚姻期間20年以上の配偶者の相続分を実質的に増加させるために活用することができる。
- 配偶者居住権の評価が相続人間で揉めそうな場合に、配偶者居住権を利用することができる。

1 配偶者の相続分を実質的に増加させるために活用する

民法では、被相続人が相続人に対して、婚姻、養子縁組その他生計の資本としての贈与をしていた場合は、贈与税を納付した上での贈与や遺贈が行われた場合であっても、遺産分割協議の際には、その贈与分や受遺分を、その相続人が、相続財産の前渡しを受けたものとして、各自の具体的な相続分を計算することとされています（民法第903条）。これを「特別受益の持戻し」といいます。この制度のもとでは、せっかく、被相続人が配偶者のこれまでの献身に感謝するつもりで、配偶者に対して生前贈与や遺贈を行っても、被相続人の相続財産の遺産分割協議をする際には、配偶者の相続分から生前贈与や遺贈を受けた金額を控除した残額しか遺産を受け取れなくなり、その分、配偶者の取り分が少なくなってしまいます。

しかし、改正民法のもとでは、婚姻期間20年以上の夫婦の一方が他方配偶者にその居住の用に供する土地建物を遺贈又は贈与したときは、被相続人による特別受益の持戻し免除の意思表示があったものと推定されることになりました。この規定により、婚姻期間が20年以上の夫婦間で、居住用建物とその敷地が一方から他方に生前贈与又は遺贈された場合は、これを

特別受益の持戻しをする必要がなくなります。

　これにより、配偶者は、遺産分割協議においては、被相続人から遺贈又は贈与を受けた自宅の土地建物については、これを受け取らなかった場合と同様に遺産分割協議に参加できますので、実質的には配偶者の法定相続分に遺贈又は贈与を受けた自宅の土地建物を加算したものを受け取ることができます。これは、配偶者の法定相続分を増加させたのと同じ効果があります。

　配偶者が法定相続分を超える多くの財産を取得する旨の遺産分割を成立させる場合には、配偶者は、法定相続分を超えて取得した分に応じて代償金を支払わなければならない場合があります。しかし、婚姻期間が20年以上の夫婦の場合には、自宅の土地建物を配偶者に遺贈又は贈与しておけば、配偶者はこれを取得した上で、遺産分割の際には、これとは別に相続財産について法定相続分に相当する財産を代償金を支払う必要なく取得することができますので、実質的に配偶者の相続分割合が引き上げられたのと同様の効果を得させるために活用することができます。

２　配偶者居住権の評価が揉めそうな場合に配偶者居住権の遺贈又は死因贈与を活用する

　配偶者に住み慣れた自宅の土地建物を相続させた場合には配偶者が取得できる金融資産が少なくなるので、自宅の土地建物の所有権ではなく、その配偶者居住権を取得させようと考えた場合においても、配偶者居住権の評価額が決まらなければ、配偶者の具体的相続分を決めようがありません。

　特に、相続人間で配偶者居住権の評価を巡って揉めることが予想される場合には、配偶者居住権を遺贈又は死因贈与しても、配偶者居住権をいくら評価するかについての揉め事を増やしてしまい、かえって遺産分割の成立を遅らせる原因ともなりかねません。

　しかし、改正民法のもとでは、婚姻期間20年以上の夫婦の一方が他方配偶者にその居住の用に供する土地建物を遺贈又は贈与したときは、被相続人による特別受益の持戻しの免除の意思表示があったものと推定されるこ

第3章 民法改正を活用した相続＆相続税の賢い対策

とになりますので、配偶者に配偶者居住権を取得させても、配偶者は、それを取得しなかった場合と同様の条件で遺産分割協議に参加できます。したがって、婚姻期間20年以上の夫婦における特別受益の持戻し免除の意思表示の推定規定は、配偶者居住権の評価について相続人間で揉めることが想定される場合に、配偶者居住権を活用する際の有力なツールになると考えられます。

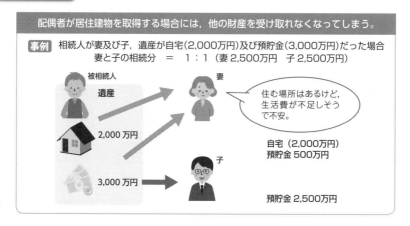

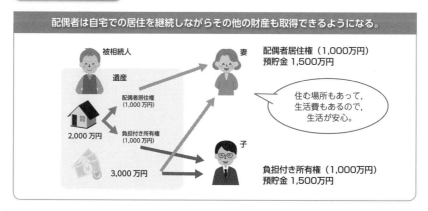

(出所：法務省ウェブサイト「民法及び家事事件手続法の一部を改正する法律について（相続法の改正）」パンフレット、一部加筆)

119

4 結婚20年以上で配偶者に無税で自宅を贈与できる

QUESTION

自宅の贈与や遺贈については遺言がなくとも、贈与税の規定と同様に相続時に持ち戻されないそうですが、税金上これを活用した方が有利ですか。

ANSWER

POINT
- 持戻し免除の意思表示は贈与税の規定を参考に創設。
- 結婚20年以上の夫婦間の自宅贈与は2,110万円までは無税。
- 配偶者は法定相続分まで相続税はかからないため有利とはいえない。

1 婚姻期間20年以上の夫婦間での自宅の贈与

たとえ夫婦の間柄といえども、贈与があった場合には贈与税が課されるのが原則です。しかし、配偶者の老後の生活を保障するために、自宅ぐらい生前にプレゼントしておきたいと思うのも人情でしょう。そこで、次の条件を満たす場合には、贈与税の配偶者控除という特典があります。

① 婚姻の届出があった日から贈与した日までの婚姻期間（戸籍に入っている期間）が、20年以上である。
② 贈与財産が居住用不動産、又は居住用不動産を取得する金銭である。
③ 贈与された配偶者が、贈与年の翌年3月15日までに現実に住んでおり、その後も引き続き住む見込みであること。
④ この特例を受ける旨の贈与税の申告書を税務署に提出すること。

この特典を利用すると、夫婦間で居住用不動産等の贈与が行われた場合には、贈与税の配偶者控除として2,000万円の特別控除を受けることができます。さらに、110万円までの基礎控除額も合わせると、合計して2,110万円までの財産を、税金を払うことなく贈与することができます。

贈与したい自宅の評価が2,110万円を超えている場合には、居住用の土

地・建物を配偶者と共有することにして、2,110万円相当額の共有持分を贈与することにすればよいでしょう。

2 具体的な贈与事例

　例えば、自宅の評価額が土地・建物を合わせて6,330万円である場合には、配偶者に自宅の土地・建物のどちらも３分の１の持分割合を贈与すれば、贈与税はかかりません。このように共有持分の贈与にすれば、分筆費用等の余分な経費がかかることもありません。この贈与税の配偶者控除の特例は、贈与を受ける同一の配偶者については、一生に１回しか受けられませんので、時期を見計らって効果的にご活用ください。

3 小規模宅地等の特例のあらまし

　被相続人又は被相続人と生計を一にする親族の居住用や事業用の宅地等について配偶者や後継者が相続等により取得する場合には、一定の要件のもと相続税評価額が減額される「小規模宅地等についての課税価格の計算の特例」という制度があります。上限面積と減額割合は以下のとおりとされており、贈与時には適用できず相続時にのみ評価減が適用されます。

●小規模宅地等の特例の上限面積と減額割合

利用区分		限度面積	減額割合
事業用	特定事業用宅地等	400m²	▲80%
	特定同族会社事業用宅地等	400m²	▲80%
	貸付事業用宅地等	200m²	▲50%
居住用	特定居住用宅地等	330m²	▲80%

4 小規模宅地等の特例は贈与時には適用不可

　改正民法の規定では金額の上限設定がありませんので、配偶者の権利を確保するという目的ならば、居住用不動産の全ての生前贈与が効果的です。しかし、2,110万円を超える贈与は課税対象となりますので、相続税評価額の高い居住用不動産の場合には、高額な贈与となり贈与税の負担が

121

非常に重くなるため、相続税対策としてはお勧めできません。相続時まで待って、遺言書でもらうようにすれば居住用宅地等については80％の評価減の適用を受けることができるからです。

　また、贈与や相続時点の評価額に対し相続税及び贈与税が計算されますが、贈与から相続までの期間が長いと、建物の評価額が減価償却により大きく下がっていることが考えられますので、建物の早めの贈与も税金対策上、有利とはいえません。相続税のかかる資産家夫婦の場合は、税制上の特別控除を超える贈与は慎重な検討が必要です。

5　建物、土地の贈与は相続税評価の計算上有利

　現金より土地や建物をもらった方が、相続税の評価上は有利です。お金をもらってそれで土地や建物を買った場合には、相続税評価額が買い値を下回ることが多いからです。

　また、贈与税の配偶者控除の対象となるのは取得資金でも居住用不動産でも構わないのですが、改正民法で持戻し免除の意思表示があるとみなされるのは居住用不動産そのものの贈与ですからご注意ください。

　しかし、居住用不動産の贈与はこのようなメリットばかりではありません。居住用不動産を贈与することにより所有権の移転を明確に立証するためには、土地や建物の名義を切り換えることになりますから、登録免許税・不動産取得税及び司法書士報酬等の取得に係る諸経費がかかりますので、贈与税のみが無税になることにご留意ください。

6　相続開始前３年内贈与加算の対象外

　配偶者は精算課税制度を選択できませんので、贈与については暦年課税により課税されます。暦年課税の場合、贈与後３年以内に贈与者が死亡した場合、相続や遺贈により財産を取得した者は、相続税法の「生前贈与加算」により、贈与を受けた財産が相続税の課税価格に加算されることになります。しかし、この居住用不動産の贈与税の配偶者控除の適用を受けた部分は例外として、３年以内であっても相続時に加算されないので、相続開始直前においても非常に有利な贈与と言えるでしょう。

第3章　民法改正を活用した相続＆相続税の賢い対策

　しかし、配偶者は法定相続分又は1億6,000万円までの財産を相続して
も、配偶者の税額軽減により相続税はかかりません。また、贈与により不
動産を取得した場合は不動産取得税や登録免許税等の登記にかかる費用が
かさみますが、相続で取得すれば不動産取得税はかからず、登録免許税も
贈与時の5分の1となり非常に税金の負担が軽くなります（下図参照）。

　遺贈で取得することができればほとんど費用がかからないにもかかわら
ず、贈与によりかえって費用が余分にかかることも想定できますので、熟
考の上ご検討ください。

●不動産の移転登記にかかる登録免許税

項目			税率
所有権移転	不動産売買	土地	1.5%（本則2％）〈R3.3.31まで〉
		建物	2％
	遺贈・贈与		2％
	個人の居住用家屋		0.3%（本則2％）〈R2.3.31まで〉
	相続又は法人の合併		0.4%
	共有物		0.4%

❼　偶然譲渡したときには譲渡所得税が有利になることも

　居住用不動産を売却したときの譲渡所得の3,000万円特別控除の適用を
受けることができるのは建物の所有者ですから、配偶者がずっと先の将来
に売るかもしれないと予測する時には土地だけでなく、必ず建物も贈与し
てください。

　もし、贈与税の配偶者控除の特例の適用を受けた後、何らかの事情で住
宅と敷地を売却せざるを得ないようになったときに、建物の所有者が夫婦
2人であれば割合を問わず、結果として居住用不動産の3,000万円の特別
控除を夫婦それぞれ適用できることになるのです。もちろん、3,000万円
特別控除の適用要件は別途必要ですのでご注意ください。

5 預貯金の払戻し制度の使い方

QUESTION

改正民法では、被相続人死亡後の被相続人の預貯金の仮払いの制度ができたとのことです。仮払い制度は、どのように使うことが想定されているのでしょうか。

ANSWER

POINT

- 相続開始後、病院や施設に入所している被相続人の配偶者の施設の費用を支払うために活用する。
- 被相続人の債務で遅延損害金の利率の高いものへの早期弁済のために活用する。
- 被相続人の葬儀費用の支払いのために活用する。

1 被相続人の配偶者の施設の費用を支払うために活用する

改正前民法では、ゆうちょ銀行の定額貯金を除く預貯金債権等の可分債権は当然分割財産とされ、遺産分割協議を経ることなく、各共同相続人は金融機関に対し、自己の法定相続分を払戻し請求することが認められていました。このため、被相続人の配偶者が病院や施設に入所しており、その費用を被相続人が預貯金からこれを賄っていた場合に被相続人が死亡しても、配偶者や他の相続人は、金融機関に対して自己の法定相続分を払い戻すことが認められていましたので、これにより被相続人の配偶者に施設の費用を支払うことができていました。ところが平成28年12月19日の最高裁大法廷決定により、判例が変更され、預貯金債権はいずれも、当然分割財産ではなく、遺産分割の対象財産であると解されることになり、各共同相続人はこれまでのように法定相続分に応じた額の払戻し請求を単独で行使できないことになりました。

これでは、相続人間で遺産分割協議が成立しない限り、被相続人の配偶者の施設にかかる費用を被相続人名義の預貯金から支払うことができなく

なります。そこで改正民法では、各共同相続人は、遺産に属する預貯金債権のうち、その相続開始の時の債権額の3分の1に当該共同相続人の法定相続分を乗じた額（ただし、預貯金債権の金融機関ごとに法務省令で定める額である150万円を限度とする。）については、単独でその権利を行使することができるようになりました。これにより、被相続人の配偶者の施設の費用等を賄うことが可能になります。

２　被相続人の債務の早期弁済に活用

　被相続人が多額の借財を抱えており、早期に弁済しないと期限の利益を失い高額な遅延損害金を支払わなければならなくなるというような場合には、速やかに弁済する必要があります。しかし、遺産分割協議の成立に時間を要することが想定される場合には、金融機関の預金の3分の1に法定相続分を乗じた金額（なおかつ、金融機関ごとに150万円が上限）では、債務の弁済には足りないという場合もあり得ます。そのときには、家庭裁判所に遺産の分割の審判又は調停の申立てをした場合に、被相続人の債務の弁済や、相続人の生活費の支弁その他の事情により預貯金債権を払い戻す必要があることを主張して、家庭裁判所の保全処分として、その遺産に属する特定の預貯金債権の全部又は一部を仮に取得させる旨の決定を求めることができます。この制度のメリットは、「預貯金債権の全部又は一部」を仮に取得することができる点です。ただし、家庭裁判所の遺産分割の調停や審判を申し立てることが前提となりますので、ハードルはそれほど低いとはいえません。

３　被相続人の葬儀費用の支払いに活用

　また、被相続人の葬儀を盛大に挙行したいと考えても、共同相続人の固有財産でそれを賄うのは大変だということもあり得ます。そうした場合に、被相続人の預貯金の仮払い制度を活用して、被相続人の預貯金を葬儀費用の一部に充てるという方法も考えられます。

預貯金の払戻し制度と相続税申告

QUESTION

改正民法により、一定額までは単独で預貯金が引き出せることになったそうですが、相続税法上の取扱いはどうなっているのでしょうか。

ANSWER

POINT
- 相続直前の引出財産は手許現金として必ず相続税の申告書に計上する。
- 相続税調査の主要な着目点は被相続人及び関係者の預貯金の推移。
- 仮払い制度を活用した場合の相続税申告はその取扱いに要注意。

1 相続直前に現金化した財産は必ず申告する

 被相続人が亡くなれば、10か月以内に相続税の申告をしなければなりません。申告をする際、金融資産の確認が最も困難で、かつ重要です。相続税の税務調査でも修正申告の対象となった財産のうち金融資産が大半を占めています。

 相続税の申告で課税されるのは被相続人が亡くなった時の金融資産の残高であると勘違いし、被相続人の入院などで不安になり預貯金を引き出してしまったにもかかわらず、相続時の残高で相続税の申告をする人がいます。また、葬式費用に必要だとして金融資産を現金化し、葬式等で使ってしまったとして、現金化した分を申告しない人もいます。

 しかしこれらは課税当局に指摘され、追徴課税の対象となりますのでご注意ください。預貯金等の金融資産の取引履歴を見れば一目瞭然で、申告書をチェックする際の最初の指摘事項となっているからです。入院したことなどにより自分で金融機関に行けなかった、あるいは現金を使うことができなかった被相続人の場合、その引き出した現金は残っているはずと指摘されます。もしもに備えて現金化しても税法上は問題ありませんが、必ず手許現金として相続財産に計上して相続税申告を行ってください。

第3章　民法改正を活用した相続＆相続税の賢い対策

❷　相続税申告の調査の主眼は預貯金の動き

　相続税調査においては直前の出金はもちろんのこと、被相続人の金融資産については、相続開始前7年ほど遡って大口の資金の移動についてはチェックされており、まれに、預金通帳の開始の時まで遡った調査もあります。調査に当たって課税当局が知っていて、相続人が知らないのでは困ります。そのため、古い預金通帳や取引記録が保存されていない場合には、銀行や証券会社などから取引記録を取り寄せておくとよいでしょう。

　ただし、税務調査で問題となることが多いのは、被相続人名義の預貯金よりも被相続人の配偶者や親族名義の預貯金です。名義人本人がその存在を知らないこともありますので、事前のチェックが大事です。被相続人が拠出したものであり、その後も被相続人が管理・運用しているものは、被相続人の相続財産として申告すべきですが、贈与等により名義人自身のものであるときは、きちんと立証できるように生前から準備しておきましょう。

❸　仮払い制度を活用した場合の注意点

　改正民法による仮払い制度で預貯金の一部を相続人が単独で引き出していた場合の相続税の注意点は、相続時点での預貯金残高で申告しなければならないことです。仮払いした金額を後で精算する分割協議書の場合は、相続税の計算上はその預金を相続した者が相続時の預貯金残高を課税財産として申告すれば問題はありません。ただし、仮払金の精算を忘れてしまうと贈与税がかかるので必ず行ってください。

　なお、仮払金の精算を行わない場合は要注意です。相続税の計算上は、仮払いを受けた者が仮払金額相当額の預貯金を、その預貯金を相続した者が相続時の残高から仮払金を差し引いた預貯金額をそれぞれ相続したものとして申告を行う必要があるからです。簡便に済ますためには、仮払いを受けた者とその預貯金を相続する者が同一であることが望ましいでしょう。

　といっても、単独で仮払いが行われるのは、なかなか全員の同意が得られないケースでしょうから、そういう訳にはいかないと思われます。仮払いを行った場合の相続税の申告には、十分な注意が必要です。

127

自筆証書遺言方式のメリット

QUESTION

改正民法では自筆証書遺言に添付する目録が自筆でなくともよくなり、自筆証書遺言を簡単に作れるようになったと聞きました。今でも遺言の大部分は公正証書遺言だと聞いていますが、自筆証書遺言を作成するメリットはどのようなものがあるのでしょうか。

ANSWER

POINT

- 遺産分けは、平等であればそれでよいというわけではないので、相続手続を円満に終わらせるためには遺言が必要となる。
- 自筆証書遺言のメリットは、証人が不要であり、誰にも知られることなく遺言書を作成でき、それほど費用もかからないことにある。
- 自筆証書遺言のデメリットは、紛失すると機能しないこと、偽造や変造のおそれがあること、方式の不備等により無効の主張がされやすいこと、遺言書本文は全文自筆で作成する必要があること等にある。

1 遺言書の必要性

相続は、被相続人の死亡後に、相続人全員による遺産分割協議により各遺産を誰が取得するかを決めることができます。仮に、遺産の内容が現金と預貯金のみであれば、法定相続分どおりに現物で分けることは簡単です。しかし、遺産の中に現物で分けるのが困難な財産がある場合には、各自が法定相続分どおりに現物を分けることができません。例えば、自宅の土地建物や、被相続人が会社を経営していた場合、その会社の株式などです。これらは平等に相続人全員が取得すればよいというものではありません。こうした場合に、遺産をどのように各相続人が取得するかを決定するのが遺言書です。相続手続を円満かつ早期に終了するために、遺言書は必要不可欠のものであるといえるでしょう。

② 自筆証書遺言のメリット

　遺言書はどのように作成してもよいというわけではありません。法律で方式が決定されており、普通の方式の遺言書は、自筆証書、公正証書及び秘密証書の3種類しか認められていません。従来は、自筆証書遺言は遺言書本文だけではなく、遺言書に添付する財産目録まで全て自筆で作成することが要件とされていました。このため、預貯金や株式その他の有価証券、自宅の土地建物に収益物件として所有するアパートの土地建物等を所有している場合には、これらを遺言者本人が全文自筆で作成するということは困難でした。しかし、この点は、今回の改正法により、目録は遺言者が手書きで作成する必要がなくなり、自筆証書遺言の活用が増えることが期待されています。

　自筆証書遺言のメリットは、遺言書作成に当たり証人が不要とされていますので、自分一人で作成が可能であるという点です。自宅でも作成できますのでそれほど費用もかかりません。したがって、遺言書を作成したことを誰にも知られることがありません。この点は大きなメリットと考えられています。

③ 自筆証書遺言のデメリット

　自筆証書遺言のメリットは、デメリットの原因ともなり得ます。誰にも知られずに遺言書を作成できることはメリットなのですが、遺言書の存在を誰も知らないだけに、仮に、遺言書を紛失してしまったら、永久に日の目を見ず、遺言書を作成した意味がなくなるということもあり得ます。この点は、今回、法務局による遺言書保管制度が定められましたので、同制度を利用すれば、このデメリットはなくなります。

　また、財産目録以外の遺言書本文は、かならず遺言者の自筆で全文を作成しなければなりません。そのため、偽造や変造の主張がなされ遺言の効力が争われやすいという点もデメリットの一つでしょう。

　さらに公正証書遺言のように、法律の専門家である公証人が関与することがないため、遺言が方式や内容の不備で無効と判断されるリスクもあります。

8 遺言書保管制度と公正証書遺言の違い

QUESTION

新たに法務局が遺言書を保管してくれるという遺言書保管制度ができるとのことですが、現在でも、公証役場で遺言書を作成し、公証役場が遺言書原本を保管してくれています。遺言書保管制度と公正証書遺言は、遺言書を保管するのが法務局か公証役場かという違いのほかに、どこが異なるのか、制度の違いを教えてください。

ANSWER

POINT

- 遺言書保管制度は、公正証書遺言は対象ではなく、自筆証書遺言のみが対象であるので、遺言書作成時の費用（公証人手数料）がかからず、証人も不要である。
- 公正証書遺言を作成する公証役場は、特に管轄があるわけではないので、いずれの公証役場でも作成は可能であるが、遺言書保管制度は遺言者の住所地又は本籍地を管轄する法務局に出頭して行わなければならない。
- 公正証書遺言は公証人が遺言者の自宅等に出張して作成し公証役場において保管することが可能であるが、遺言書保管制度は遺言者が自ら法務局へ出頭しなければ利用できない。

1 遺言書保管制度の対象と遺言書作成時の費用

遺言書保管制度は令和2年7月10日からの施行となります。この制度により、法務局が遺言書を保管する制度が始まりますが、遺言書保管制度は法務局がどのような遺言書でも保管するというわけではありません。公証役場が保管するのは公正証書遺言の原本ですが、遺言書保管制度により、法務局が保管する遺言書は、自筆証書遺言のみです。公正証書遺言や秘密証書遺言等は法務局では保管しません。また、法務局が保管するのは自筆証書遺言のうち無封のものに限定されています。

第3章　民法改正を活用した相続＆相続税の賢い対策

　公正証書遺言は公証役場が保管しますが、その対象は公正証書遺言です。このため、公証役場に遺言書を保管してもらうためには、まず、証人2人を準備した上で公正証書遺言を作成しなければなりませんが、公正証書遺言は遺言の対象財産の額に応じ、手数料を納付する必要があります。公正証書遺言は、遺産の額が5,000万円を超え1億円以下の場合に4万3,000円、1億円を超え3億円以下の場合は4万3,000円に超過額5,000万円までごとに1万3,000円を加算した額、3億円を超え10億円以下の場合は9万5,000円に超過額5,000万円までごとに1万1,000円を加算した額、10億円を超える場合は24万9,000円に超過額5,000万円までごとに8,000円を加算した額となりますが、遺言書加算として、全体の財産が1億円以下のときは、上記によって算出された手数料額に、1万1,000円が加算されます。

　これに対し、遺言書保管制度の対象は自筆証書遺言ですので、証人は不要ですし、遺言書作成費用は格別かかりません。遺言書保管費用は収入印紙で納付することになりますが、数千円程度が想定されています。

❷　遺言書の保管場所

　公正証書遺言の場合は、どこでも作成することができ、どの公証役場に出頭しなければならないとの決まりは特にありません。公証人は、自己が所属する法務局・地方法務局の管轄外で職務を行うことはできないことになっていますが、管轄区域外に居住する嘱託人が他の管轄地にある公証役場に赴いて公正証書を作成することは可能です。ですから、関西に居住する嘱託人でも、関東の公証役場を訪れるのであれば、当該公証役場の公証人が公証業務を行うことができることになります。これに対し、遺言書保管制度の場合は、遺言者が自己の住所地又は本籍地を管轄する法務局に自ら出頭して行わなければならない、と定められています。

❸　遺言者自らが出頭する必要性

　公正証書遺言の場合は、遺言者が健康状態等により、自ら公証役場に出向くことができない場合、公証人が遺言者の自宅あるいは入院している病

131

院や施設に赴いて作成することが可能です。ただし、公証役場に出頭して遺言書を作成する場合はどの公証役場でもよいのですが、出張による公正証書の作成の場合は都道府県単位の管轄があります。したがって、例えば、東京都内にある公証役場の公証人は、東京都内であれば出張できますが、公正証書遺言の場合は、東京都外には出張することができません。いずれにしても、公正証書遺言の場合は、都道府県単位の管轄はありますが、遺言者自らが公証役場に出頭できない場合は、公証人に遺言者の居所に出張してもらい作成することが可能です。

　これに対し、遺言書保管制度の場合は、遺言者自らが遺言書保管所となる法務局に出頭することが要件となります。

9 遺言執行者は誰が適任なのか

QUESTION

今回の民法改正では、遺言執行者の権限を明確にするほか、従来とは異なる義務が遺言執行者に課されたとも聞きました。遺言執行者は誰がなれるのでしょうか。また、遺言執行者としては誰が適任なのでしょうか。

ANSWER

POINT
- 遺言執行者は、未成年者及び破産者はなることができないが、それ以外の者は誰でも遺言執行者になることが可能である。
- 遺言書により財産を相続する相続人も、その遺言の遺言執行者に就任することは可能である。
- 遺言執行者は遺贈の履行や、相続財産の登記権限を有するなど法律実務等も扱うので、弁護士、税理士、司法書士等の専門家に依頼するのも一つの方法である。

1 遺言執行者の欠格事由

遺言の執行は、遺言の内容に応じて様々なものが含まれ、遺言執行者は遺言者の意思を実現するという重要な職務を行う者です。このため、民法は、こうした重要な職務を行うには足りないと判断される者を遺言執行者の欠格事由として定めています。民法第1009条は、遺言執行者となることができない者として、「未成年者」及び「破産者」を挙げています。平成11年の民法改正前は、遺言執行者の欠格事由として「無能力者」を掲げていました。無能力とは、いわゆる行為能力（法律行為を単独で有効に行うことのできる能力）がない状態をいい、当時の禁治産者、準禁治産者が含まれていました。しかし、認知症の高齢者の方や精神障害や知的障害を有する方々の自己決定権の尊重やノーマライゼーションの理念に基づく成年後見制度が導入され、成年被後見人、被保佐人、被補助人は、それだけでは当然には遺言執行者としての欠格事由に該当するとはいえません。

❷　相続人は遺言執行者になれるか

　民法1009条は遺言執行者の欠格事由として未成年者及び破産者を挙げていますが、相続人は欠格事由に該当するとはされていません。従って、遺言者は、遺言執行者として、当該遺言により財産を相続させるとされた相続人をその遺言の執行者として指定することができます。また、遺言執行者は一人でなければならないということはなく、数人の遺言執行者を指定することも認められています（民法1006条１項）。したがって、相続人の一人を遺言執行者とすることも、相続人数名を遺言執行者とすることも、また、相続人の一人を遺言執行者としたうえでさらにもう一人の職業的な専門家を遺言執行者とすることも可能です。

❸　遺言執行者の行う業務と遺言執行者の選任

　改正民法では、遺贈がされた場合において、遺言執行者がいる場合は、遺贈の履行は、遺言執行者のみが行うことができる旨が明文化されました。また、遺言の執行を妨げる行為は絶対無効ではなく、その無効は善意の第三者には対抗できないものとされ、相続させる遺言による財産の承継であっても法定相続分を超える権利の承継には対抗要件を備えなければ対抗できないものとされ、改正民法により新たに遺言執行者に登記、登録等の対抗要件を備える権限が与えられました。さらに、改正前民法では、遺言執行者に預貯金の払戻し・解約等の権限があるかにつき争いがありましたが、改正民法では、預貯金債権について特定財産承継遺言（遺産の分割の方法の指定として遺産に属する特定の財産を共同相続人の一人又は数人に承継させる旨の遺言）がなされた場合には、遺言執行者に預貯金の払戻し・解約権限があることが明らかにされました。

　遺言執行者は、これらの法的な処理を含む重要な職務を遂行することになりますので、遺言の内容によって、あるいは、相続人間で揉める可能性があるなどの事情によっては、弁護士、税理士、司法書士等の専門家に依頼するのも一つの方法であると考えられます。

第3章　民法改正を活用した相続＆相続税の賢い対策

10 賃貸住宅オーナーは特に遺言書が必須

QUESTION

　改正民法では、自筆証書遺言を利用しやすくするために、自筆証書遺言の要件が緩和されたそうですが、遺言書は作成したほうがよいのでしょうか。遺言書を作ったために、かえって、遺族が揉めるのではないかということが心配です。私のような不動産オーナーにとって、遺言書は必要なものなのでしょうか。

ANSWER

> **POINT**
> - 賃貸住宅は現物で分割することが困難な場合が多いため、遺言書を作成しなければ相続人間で揉める可能性が高い。
> - 遺言は相続人に遺産を平等に与えるものではないため、不公平な内容であると揉める契機ともなり得る。
> - 相続人に遺言書が作成された理由が分かるように、合理的な内容で、かつ、遺言を作成した趣旨を「付言事項」として記載する遺言書を作成する。

1　遺言書は作成すべきか

　そもそも遺言書は作成すべきなのか、ということで悩まれる方も多いようです。遺言書は相続人が揉めないために必要だと言われますが、遺言書を作成したことで、かえって相続人が揉めるということはないのだろうか、むしろ遺言書がない方がスムーズに話し合いが進むのではないだろうか、と悩まれる方も多いと思います。しかし、相続人が複数いる場合は、賃貸住宅オーナー様など不動産のオーナーの方々にとって、遺言書は必須のものなのです。

　その理由は、遺言書がない場合には民法の規定に従って遺産分割が行われることになりますが、民法は均分相続（同じ順位にある相続人の相続分は平等）を前提としているからです。

135

② 賃貸住宅オーナーと遺言書の必要性

　例えば、賃貸住宅を経営しているＡさんには、妻Ｂと３人の子（Ｃ、Ｄ、Ｅ）がいるとします。Ａさんの財産は、賃貸住宅の土地建物と、預貯金、株式があるとします。Ａさんが亡くなった場合、Ａさんの相続人は妻Ｂと３人の子（Ｃ、Ｄ、Ｅ）です。相続分は妻Ｂが２分の１、子のＣ～Ｅは残りの２分の１を３人平等に取得しますので各自６分の１です。さて、Ａさんが経営していた賃貸住宅の土地建物を遺産分割協議により、どのように分割すればよいのでしょうか。共同相続人のうちの誰か一人がこれを引き継ぐことが望ましいのですが、遺言書がなければ、妻Ｂが２分の１、Ｃ、Ｄ、Ｅが各自６分の１の権利を主張すると、話はいつまでたってもまとまりません。こうした場合に被相続人が遺言書を作成し、賃貸アパートの土地建物は妻Ｂに相続させる、あるいは子であるＣ～Ｅのうちの誰かに相続させると記載しておけば、これについての揉め事はなくなります。賃貸住宅の土地建物のように現物で分けることが難しい財産が相続財産にある場合には、遺言書を作成しておかないと相続人間に解決することが困難な相続紛争を巻き起こす可能性が高いのです。

③ 不公平にならない遺言を作成する

　上記の例を見てもお分かりのとおり、遺言書は、相続人を平等には扱わない場合に作成するものです。完全に平等な相続というのは、上記のアパートの土地建物を妻Ｂと３人の子（Ｃ、Ｄ、Ｅ）が法定相続分に従って妻Ｂが２分の１、Ｃ、Ｄ、Ｅが各自６分の１の割合で共有すれば平等にはなりますが、そのような分割は現実的ではありません。アパートを修理したいと考えても、妻Ｂも３人の子も、単独では決定できません。賃貸住宅の経営状態によってアパートの土地建物を売却したいと考えても、単独では何も進めることができません。したがって、誰か一人にアパートの土地建物を相続させざるを得ないのですが、その場合には相続人間の平等ということは実現できません。そういう意味では、遺言書は相続人間に完全な平等を実現することはできないのですが、その場合でも、不公平な遺言ではないことが必要だと思います。アパート経営を引き継ぐためには、誰か

第3章　民法改正を活用した相続＆相続税の賢い対策

一人に相続させなければならないこと、そのためにこのような遺言書が必要であったこと、引き継ぐ相続人が被相続人の世話を長年にわたり行っていたこと等、その内容に合理性があり、そのような遺言の必要性が他の相続人にも理解できるような遺言書を作成する必要があります。そのためには、遺言書には本来の遺言事項の他に、「付言事項」として、なぜ、このような内容の遺言を作成したのか、相続人それぞれにどのような配慮をしたかなどの記載をすることができます。こうした付言事項を活用しながら、アパート経営がスムーズに承継されるように配慮するには、遺言が必須のものと考えられます。

遺言書作成による税制上のメリット

QUESTION

相続法が改正され自筆証書遺言の作成が簡便になったそうですが、遺言書を作っておけば相続税法上も有利と教えてもらいました。どのような点が有利になるのでしょうか。

ANSWER

POINT
- 遺産分割が未了でも申告期限までに相続税申告と納税は必要。
- 配偶者の相続税額の軽減措置等は遺産分割の確定が適用要件。
- 申告期限までに遺産分割未了に備え遺言書を作成しておく。

1 遺産分割未了でも10か月以内に相続税の申告・納税が必要

　相続税の申告書の提出期限は、相続の開始があったことを知った日の翌日から10か月目の日です。相続税の申告書は、被相続人の死亡の時における住所地を所轄する税務署長に提出します。また原則として、相続税の申告書は、同じ被相続人から相続・遺贈等によって財産を取得した人が共同で作成して提出することになっています。

　ただ、遺産分割協議が確定するまでは原則として遺産の最終取得者が確定しませんので、相続税の計算ができないことになります。そこで、遺産分割が確定しなければ何年たっても相続税が徴収できない状態を回避するため、相続税法では相続税の申告期限までに遺産の全部又は一部の遺産分割が未確定であっても、その未確定な財産は、共同相続人が法定相続分によって取得したものとしてその課税価格を計算するものとしています。

　このように、遺産分割が未確定の場合には、各相続人の単独での利用が制限され納税資金の準備が困難であるにもかかわらず、相続発生の日から10か月以内に相続税の申告をすると共に納税しなければなりません。

第3章　民法改正を活用した相続＆相続税の賢い対策

❷　遺産分割が確定しない場合には特例を適用できない

　さらに、遺産分割が確定しないと、次のような税務上の特例の適用が受けられず不利になります。遺言書があれば、相続と同時に遺産が遺言書に記載されたとおりに取得されますので、これらの特例を全て適用することができます。

⑴　配偶者の相続税額の軽減措置

　配偶者は相続税法上優遇されており、課税価格の合計額に対する配偶者の課税価格が法定相続分（法定相続分の割合が1億6,000万円に満たないときは1億6,000万円）以下であれば、相続税がかかりません。このように優遇されている配偶者の税額軽減ですが、相続税の申告書の提出期限までに遺産分割が確定していなければ、この特例の適用を受けることができません。遺言書があれば遺産の帰属は確定していますので、当然にこの特例を受けることができます。

⑵　小規模宅地等の特例

　被相続人等やその同族会社が経営している事業用宅地、及び被相続人等の自宅敷地については、一定の条件、規模で「小規模宅地等についての相続税の課税価格の計算の特例」という規定が設けられており、相続税の評価額が大きく減額されます。⑴と同様、この特例についても、相続の申告期限までに分割が確定していない宅地等については適用を受けることができませんが、遺言書があれば遺産の帰属は確定していますので、この特例を受けることができます（第3章Q12参照）。

⑶　農地等の納税猶予制度の特例

　三大都市圏の生産緑地とそれ以外の一定の地域の農地等については、相続税の申告書の提出期限までに対象となる農地等を取得し、かつ、農業経営を開始するなどの厳しい種々の要件を満たせば、本来の相続税額と、その農地等を農業投資価格という非常に低い相続税評価額により計算した相続税額との差額の納税猶予が認められています。

　ただし、申告書の提出期限までに遺産分割が確定しなかった場合には、この農地等の納税猶予の特例適用を受けることができません。生産緑地や調整農地は農業以外に使途のない土地ですから、この特例の適用を受ける

139

ことができるかどうかは死活問題ですので、遺言書を作成しておくことが重要です。

⑷　非上場株式等の納税猶予制度の特例

非上場株式等の相続税の納税猶予の特例適用を受ける場合には、会社は相続開始から8か月以内に都道府県知事に対して認定申請を行い、相続人はその認定書を添付して、相続税の申告書の提出期限までに納税猶予の適用を受ける旨の申告を行う必要があります。

なお、被相続人は代表者であったこと及び同族関係者で総株主等議決権数の50％超の株式を保有し筆頭株主であったこと等の要件、後継者は相続発生後5か月を経過する日までに代表権を有すること等、一定の要件を充足している場合に限り納税猶予の適用を受けることができます。よって、手続期限までに遺産分割が確定しなかった場合や相続人が5か月以内に代表者になっていなければ、納税猶予の適用を受けることができませんので、遺言書を作成しておくことがスタートといえるでしょう。

⑸　申告書の提出期限までの国等への贈与は非課税

相続税の申告書の提出期限までに相続又は遺贈により取得した財産のうち、国・地方公共団体、又は特定認定ＮＰＯ法人等に対し贈与したものについては、相続税がかかりません。なお、この贈与により贈与した人やその親族等の相続税や贈与税の負担が不当に軽くなる場合は除かれます。よって、この特例を確実に適用するためには、遺言書にどこに寄付をするのかを書いておくとよいでしょう。

⑹　物納

物納申請は相続税の申告期限までに行うこととなっており、遺産分割が調っておらず相続財産の所有権が確定しない場合や、共有物件のうち一部の持分の物納申請の場合には、物納財産としては不適格とされています。なお、複数の相続人が共有で相続した財産については、その共有者全員が持分全部の物納手続を行うなら、物納が可能となります。物納を予定している場合には、誰がどの財産を物納するのかを検討しておき、きちんと物納できるように遺言書を作成しておくとよいでしょう。

第3章　民法改正を活用した相続＆相続税の賢い対策

❹　遺産分割は10か月以内、遺言書の作成が望ましい

　遺言書がなく、相続税の申告書の提出期限までに遺産分割協議が調わない場合には、相続税においてこれらの特例が適用できず多額の納税資金が必要とされます。遺言書がない場合には、相続人一同でよく話し合い、申告書の提出期限内に分割協議を調えたいものです。

　ただし、①相続税の申告期限までに分割協議が確定していない財産が、申告書の提出期限から3年以内に分割された場合、又は②やむを得ない事情がある場合等の事由に該当したために、申告書の提出期限内に分割できなかったことにつき税務署長の承認を受けた場合においては、その分割できることとなった日の翌日から4か月以内に分割された場合に限り、更正の請求を行うことにより、配偶者の税額軽減措置及び小規模宅地等の特例の適用を受けることができ、税額の還付を受けることができます。

　ただし、この二つの特例以外である納税猶予や相続財産の非課税贈与、物納等の特例は、3年以内に分割が確定したとしても、もう適用を受けることはできませんので、これらの特例の適用を考えておられるなら遺言書作成は必須条件です。また、相続人間の意思疎通がうまく行えず、遺産分割がまとまらないと想定できる場合には、親として遺言書を作成し皆が納得できるような付言事項も書いておくことこそが、特例活用による相続税節税のためのベストな対策といえます。

　改正されて作成しやすくなった自筆証書遺言であれば、何度でも簡単に書き直せます。ともかく今のうちにまずファーストの遺言書を作成しておくことが最高の相続税対策といえるでしょう。

141

12 小規模宅地等の特例の活用が最高の相続税の節税

QUESTION

小規模宅地の評価減を最適に活用することが相続税の節税になると教えてもらいましたが、どのように適用すればよいのでしょうか。民法の改正での注意点はあるのでしょうか。

ANSWER

POINT
- 小規模宅地等の特例は節税となるが申告期限前の取得者確定が要件。
- 改正民法による自筆証書遺言で取得者を確定しておけば安心。
- 認知症や遺産分割ができないリスクに備え事前に要件充足を準備。

1 小規模宅地等についての相続税の課税価格の計算の特例の概要

被相続人又は同一生計の親族の自宅の敷地及び被相続人が同族会社に事業のために賃貸している宅地を、配偶者や後継者が相続する時に一定の要件、規模で相続税を軽減しようという目的で設けられたのが「小規模宅地等の相続税の課税価格の計算の特例」です。

もともとのこの制度の趣旨は、相続が起きて相続税を払うために残された相続人が今まで住み続けてきた住宅を売却せざるを得なくなる、事業継続ができなくなるなどの事態は行き過ぎであるという考えからです。よって、相続の時しか適用されず、贈与の場合には適用されません。

また、相続税の申告までに遺産分割が終わっていないとこの特例の適用を受けることができません。遺産分割で揉めることが予想できるような場合は、相続法の改正で作成が容易になった自筆証書遺言を作成して、この特例の適用を受けることができる相続人等が申告期限までに、この宅地等を取得できるようにしておくとよいでしょう。

●小規模宅地等の特例の上限面積と減額割合

宅地等の利用区分		上限面積	減額割合
居住用	特定居住用宅地等	330m²	▲80%
事業用 特定事業用等	特定事業用宅地等	400m²	▲80%
	特定同族会社事業用宅地等		
	貸付事業用宅地等	200m²	▲50%

2 事業や居住を継続することが要件

　被相続人や生計一親族の事業の用に供されていた宅地等で、その宅地等を取得した相続人等がこれらの事業を継続する場合には、特定事業用宅地等として400m²まで評価が80％減額されます。なお、相続開始前3年以内に事業の用に供されたものは除外されます。ただし、その宅地等の上で事業の用に供されている建物・附属設備・機械等の減価償却資産の価額がその宅地等の相続時の価額の15％以上である場合には、特例を適用することができます。要件を充足するかを確認しておく必要があります。

　同様に被相続人等が相続発生まで居住に供していた宅地等で、その宅地等を取得した相続人等が配偶者である、同居しており居住を継続する者である、3年以内に同族関係者等が有する家屋等に居住していない者である場合には、特定居住用宅地等として330m²まで80％減額されます。

　さらに、特定居住用宅地等と特定事業用宅地等について、特例の対象として選択する宅地等の全てが特定事業用宅地等及び特定居住用宅地等である場合には、完全併用することができます。特定居住用宅地等につき330m²、特定事業用宅地等につき400m²の合計面積730m²まで80％評価減の対象となるのですから、土地所有者にとっては最高の相続税評価減対策となります。

　配偶者は無条件でこの特例を適用でき、改正民法で創設された配偶者居住権に対しても適用できます。ただし、配偶者が自宅を取得した場合以外については、特定居住用宅地等、特定事業用宅地等の評価減特例は誰が取得するのか、その後どのように利用するのか等によって、適用の可否が決まり相続税負担が大きく異なりますので、遺言書を作成する場合には要件

144

第3章　民法改正を活用した相続＆相続税の賢い対策

を充足するかどうか熟慮した上で作成してください。

◉**対象宅地の条件**

被相続人か、被相続人と生計を一にしていた親族の居住もしくは事業用に供していた家屋等の敷地（宅地）

特定居住用宅地等（注）

① 配偶者が取得した場合
② 被相続人と同居していた親族が申告期限まで引き続き居住している場合
③ 配偶者及び同居法定相続人がいない場合で、相続開始前3年以内に自己又はその配偶者・3親等内の親族・同族会社・一般社団法人等が所有する家屋に居住したことがない者又は居住している家屋を有したことがない者等が相続するなど一定の場合で申告期限まで保有している場合。
④ 被相続人と生計を一にしていた親族が相続開始まで自己の居住の用に供している場合

特定事業用宅地等（注）

① 被相続人が営んでいた事業を申告期限まで引き続き営んでいる場合
② 被相続人と生計を一にしていた親族が相続開始前から申告期限まで自己の事業の用に供している場合
※ 相続開始前3年以内に事業の用に供された宅地等は特定事業用宅地等から除外。ただし、その宅地等の上で事業の用に供されている建物・附属設備・機械等の減価償却資産の価額がその宅地等の相続時の価額の15％以上である場合には、特例適用可。

（注）
・　配偶者が自宅を取得した場合は要件無し。
・　相続税の申告書の提出期限まで引き続きその宅地を所有し、居住や事業を継続している場合に限る。
・　居住や事業を継続しない相続人の共有持分については適用できない。

❸　貸付事業用宅地等の併用には調整計算がある

なお、貸付事業用宅地等については200m²まで50％減額とされており、他の特例対象宅地等と併用する場合には、適用対象面積計算については次のような調整計算を行うこととされていますので、選択する時はご注意ください。ただし、事業的規模の被相続人である場合を除き、3年以内に貸

145

付事業の用に供された宅地等については適用することができません。

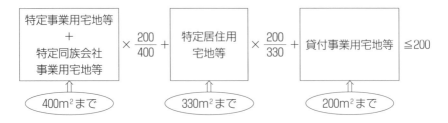

4 二世帯住宅でも80％評価減の対象となる

　原則として、被相続人と生計が別で同居していない、又は自宅を所有している子は、小規模宅地等の特例の適用を受けることができません。しかし、完全分離型の親子二世帯住宅で区分所有登記されていない建物の敷地の場合、取得した子の相続税申告により、生計が別であっても生計が一であるとみなし、被相続人及びその子が居住していた部分の敷地が全て特例の対象とされます。ただし、二世帯住宅が区分所有登記されている場合、子一家の居住している２階部分の対応敷地については、被相続人の居住用宅地等に該当せず特例の適用ができません。

　完全に独立している建物であっても区分所有登記されていない場合には、二世帯住宅の敷地全体が特定居住用宅地等の適用対象となり大きな減税措置が受けられるのですから、二世帯住宅を取得する際には、どのよう

◆二世帯同居で特定居住用宅地等は最大660m²適用できる

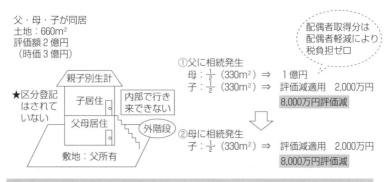

第3章　民法改正を活用した相続＆相続税の賢い対策

に表示登記や保存登記するか、十分気をつけたいものです。

　また、所有者の一次相続とその配偶者の二次相続と2回適用を受ければ合計660m²も80％減額の対象となるのですから、しっかりとこのことも考慮して遺言書を作成してください。

5　老人ホームに入居していた場合には？

　次の3条件を満たしていれば、宅地等の所有者が老人ホームに入所している場合であっても、この特例の対象となっています。

① 　被相続人に介護が必要なため入所したものであること
② 　相続開始時点で要支援・要介護の認定を受けていること
③ 　その家屋が貸付け等の用途に供されていないこと

　なお、老人ホームだけではなく、グループホーム・介護老人保健施設・サービス付き高齢者向け住宅のような施設に入居している場合も適用対象となっています。認知症になった場合には遺言書は書けませんし、配偶者が認知症である場合は遺産分割もスムーズに進まないでしょう。スムーズにこの特例を受けられるよう、相続法の改正で簡単に書き直せる自筆証書遺言を老人ホームに入る前に作成しておきたいものです。

6　相続法の改正を踏まえた特例適用とは

　相続法の改正で、自筆証書遺言の場合の物件の目録についてはパソコンで作成しても、登記事項証明書や預金通帳のコピーでも構わないとされています。目録作成が簡単になっていますので、まずは悩まずに今の気持ちで、要件を充足している者に取得させるための自筆証書遺言を作成しましょう。その際、不動産は登記事項証明書のコピーで目録を作成しておけば、自筆証書遺言を書き換えるのもそう困難ではないので安心です。

　また、遺留分が減殺請求権から侵害額請求権に変更になり、物そのものを渡す必要がなくなりました。もし、遺留分を侵されたとして他の相続人から侵害額を請求されたとしても金銭を渡すだけで済み、小規模宅地等の特例の適用を受けることができますので心配はいりません。

　また、相続法の改正で配偶者居住権が創設されましたが、配偶者居住権

147

の目的となっている建物の敷地である宅地等又は配偶者居住権に基づき使用する権利について、特定居住用宅地等に係る小規模宅地等の特例の適用を受ける場合においては、その特例対象宅地等の面積は、その面積に、それぞれ敷地の用に供される宅地等の価額又は配偶者居住権の価額がこれらの価額の合計額のうちに占める割合を乗じて計算した面積であるとみなして、小規模宅地等の特例の適用を受けることができます。つまり、その宅地の面積を配偶者居住権とその敷地の価額で按分することになります。

　例えば、配偶者が子と同居しており、配偶者が居住権を、子がその敷地を相続により取得した場合、それぞれの価額で面積を按分しますので、一人で相続した場合と同じ面積について適用を受けることができます。小規模宅地等の特例についても考慮したうえで、配偶者居住権を設定するかどうかの検討が必要でしょう。

　被相続人が生前に、この特例の適用をどのように受けるかを熟慮しておき遺言書を書いておくことで、一挙に相続税が減額することになります。例えば、将来同居しようと考えている家族が被相続人の生前中に引っ越して二世帯で同居する、同居親族が親の所有地で事業をすることなどにより、大きな相続税の節税ができます。一度検討してみてはいかがでしょうか。

13 遺留分侵害額の請求権を行使されるとどうなるのか

QUESTION

今回の民法改正では、遺留分に関する規定が大幅に変更されたと聞きました。遺留分の仕組みそのものが変わり、遺留分減殺ではなく、遺留分侵害額請求権という新しい権利に変更されたようですが、遺留分侵害額請求権が行使されると、請求を受けた側はどうなってしまうのでしょうか。

ANSWER

POINT

- 遺留分侵害額請求権は、これまでの遺留分減殺の場合とは異なり、遺留分を侵害する生前贈与、遺贈や相続させる旨の遺言の効力は有効であり、ただ侵害した遺留分相当額の金銭を支払えばよいことになる。
- 被相続人の遺言の趣旨がそのまま実現できるので、アパートの土地建物の相続は遺言者の意思のとおりに実現できるため、アパートの承継が容易になる。
- 遺留分侵害額請求を受けた者は、遺留分侵害額を金銭で支払う必要があるので、その金銭を支払えるように生命保険等を活用することが必要になる。
- 遺留分侵害額請求を受けた者は、裁判所に相当の期限の許与を求めることができる。

1 遺留分減殺請求権から遺留分侵害額請求権への変更

今回の遺留分の改正において、最も大きな改正点の一つは、改正前民法における「遺留分減殺請求権」という制度から、改正民法では「遺留分侵害額請求権」という権利に変更されたということです。

改正前民法では、遺留分を侵害した生前贈与や遺贈、あるいは相続させる旨の遺言等については、遺留分を保全する限度で、それらの生前贈与や遺贈、あるいは相続させる旨の遺言等の効力を減殺することが認められて

いました。遺留分減殺請求をした法的効果については、遺留分を侵害する生前贈与や遺贈は、遺留分を保全する限度でその効力が失効することになっていました。

これに対し、改正民法では、遺留分権利者は、遺留分を侵害する生前贈与や遺贈、あるいは相続させる旨の遺言等について、その効力を減殺することはできないことになりました。したがって、改正民法の下では、遺留分を侵害する生前贈与や遺贈、あるいは相続させる旨の遺言等の効力は否定されることがありません。遺留分を侵害する遺言であっても、そのままの効力を維持することができます。ただ、遺留分権利者から請求を受けた者は遺留分権利者に対し、遺留分に相当する金銭（これを「遺留分侵害額」といいます。）を支払う義務を負うことになりました。

② アパートの土地建物の相続は、遺言者の意思のとおりに実現できる

したがって、アパートの土地建物を特定の相続人に相続させる旨の遺言やこれらの財産を生前贈与ないし遺贈したことにより、他の共同相続人の遺留分を侵害する場合であっても、改正民法の下では、その効力を減殺されることがなくなり、遺言者が望んだとおりの結果を実現することができます。この点は、改正民法の下で、アパートオーナーの方々は、アパートの土地建物を誰に承継させるかについては、自分の望むとおりの結果を出すことができるようになったことに御留意いただきたいと思います。

③ 遺留分侵害額請求を受けた者は、遺留分侵害額を金銭で支払う必要がある

遺留分権利者から請求を受けた者は、生前贈与や遺贈、あるいは相続させる旨の遺言等の効力を否定されることはなくなりましたが、その代わりに、遺留分権利者に対し、遺留分に相当する金銭を支払う義務を負うことになります。しかし、遺留分の請求を受けた者に遺留分侵害額を支払う資力がなければ、生前贈与や遺贈、あるいは相続させる旨の遺言等の効力を否定されることはないと言っても、結局は、遺留分侵害額を支払うために

第3章　民法改正を活用した相続＆相続税の賢い対策

生前贈与や遺贈、あるいは相続させる旨の遺言等により取得した財産を売却して支払うしかなくなり、結局は、被相続人の意思を実現できない状態になってしまいます。このような事態を避けるためには、遺留分侵害額請求を受けることが予想される相続人に遺留分侵害額を支払うことのできる資力を与えておくことが必要になります。そのためには、被相続人を保険契約者及び被保険者とし、受取人を当該相続人とする生命保険契約を活用することも検討しておく必要があります。

　また、改正民法は、遺留分侵害額請求を受けた者は、裁判所に相当の期限の許与を求めることができる旨を定めています（改正民法第1047条第5項）。この規定を活用して、遺留分侵害額を直ちに支払うことができない場合でも、期限の猶予を受けて、遅延損害金が発生しないようにすることが可能です。

14 遺留分制度の見直しは事業承継に活用できるか

QUESTION

相続法の改正により、遺留分減殺ではなく、遺留分侵害額請求権という新しい権利に変更され、遺留分侵害額の算定方法等が見直されたということを聞いたことがありますが、こうした見直しは、私のように父親の事業を引き継ぎたいと考えている事業承継の場面で活用できるものなのでしょうか。活用できるとすると、どういった場面での活用が考えられるのでしょうか。

ANSWER

POINT

- 遺留分減殺請求権から、遺留分侵害額請求権へと変更されたため、事業承継のために自社株の生前贈与を受けても、その効力が否定されることがなくなった。
- 改正民法では、遺留分を算定する際に、相続人が特別受益として生前贈与を受けた財産は相続開始前10年以内になされたものに限定されたため、自社株を贈与した後、経営者が10年以上長生きすれば、原則として、後継者に対する自社株の生前贈与は遺留分侵害額の算定の際に算入されなくなる。

1 遺留分減殺請求から遺留分侵害額請求への変化に伴い、事業承継のための自社株贈与の効力が遺留分侵害を理由として否定されなくなった

まず、遺留分を侵害する贈与や遺贈がなされた場合に、改正前民法によれば、遺留分を侵害する贈与や遺贈は、遺留分権利者の遺留分を保全する限度でその効力が失効するとされていました。このため、事業承継のために、せっかく、自社株を後継者と目する推定相続人に生前贈与しても、その他の相続人の遺留分を侵害する場合は、遺留分権利者の権利行使によって、遺留分に相当する割合で自社株贈与の効力が否定されます。その結

第3章　民法改正を活用した相続＆相続税の賢い対策

果、後継者が贈与された自社株について、後継者と遺留分権利者が、遺留分権利者は遺留分の割合で、後継者はそれ以外の残り全部の割合で自社株を準共有することになっていました。株式が共有状態になったのでは、会社に対し、権利行使人を決定して通知しない限り株主権の行使ができなくなります（会社法第106条）。これでは事業承継の目的を果たすことができません。

しかし、改正民法では、遺留分を侵害する贈与であっても、遺留分権利者はその贈与の効力について減殺請求することができなくなりました。その結果、改正民法のもとでは、遺留分を侵害する自社株の贈与は効力を否定されることがなくなりましたので、遺留分に関する権利が行使されたとしても、自社株は後継者が所有したままで、遺留分権利者と後継者が自社株を共有すること自体があり得なくなりました。この点は、事業承継を進める上では、大変に大きな意味を持ちます。

❷　相続人に対する贈与は、原則として、相続開始前10年以内になされたものに限り遺留分の計算に算定する

改正民法は、「遺留分を算定するための財産の価額は、被相続人が相続開始の時において有した財産の価額にその贈与した財産の価額を加えた額から債務の全額を控除した額とする。」（改正民法第1043条）と定めていますが、この規定自体は改正前民法の1029条と変わりません。

ただし、改正前民法では、相続人以外の第三者に対する贈与については原則として相続開始前1年以内になされた贈与に限って遺留分を算定する財産に加算されるのですが、相続人に対する贈与は10年前でも15年前でも、それが信義則に反するような特別の事情がない限り、全て遺留分を算定する財産に加算されるものとしていました。

これに対し、改正民法では、相続人以外の第三者に対する贈与については従来どおりですが、相続人に対する贈与は、改正前民法のように無限定に加算するのではなく、相続開始前10年以内に贈与されたものに限定できることになりました。したがって、改正民法の下では、経営者が、後継者である推定相続人に対し自社株を譲渡し、その後10年以上長生きすれば、

153

後継者に対する自社株の贈与は遺留分の計算からは除外されることになります。

このことは、事業承継のための自社株贈与は経営者が早期に行うことにより、遺留分の計算から除外できる可能性があることを意味します。早期に自社株の贈与を行うことによって事業承継対策を有利に進めることが可能になったといえるでしょう。

第3章 民法改正を活用した相続＆相続税の賢い対策

15 成年年齢の引下げと生前贈与の活用

QUESTION
令和4年4月1日から施行される成年年齢の変更で、贈与が有利になると聞いたのですが、どのように贈与税が改正されるのでしょうか。

ANSWER

POINT
- 令和4年4月1日からの特例贈与の受贈者の年齢が18歳以上に。
- 令和4年4月1日からの精算課税の受贈者の年齢が18歳以上に。
- 年齢要件が引き下げられた受贈者への贈与を賢く活用する。

1 成年年齢の引下げで20歳未満18歳以上への贈与が有利に

民法が改正され、成年の年齢が令和4年4月1日以後から18歳に引き下げられます。これに伴って、暦年課税の特例贈与制度と相続時精算課税制度に規定されている受贈者の要件が、令和4年4月1日以後に贈与により取得する財産に係る贈与税から18歳以上とされます。それ以降は18歳以上20歳未満の受贈者に対する直系尊属からの贈与の幅が広がり有利になります。

2 贈与税の計算のしくみ

贈与税はその年の1月1日から12月31日までの1年間に受けた贈与財産の価額の合計額をもとにして、税額が計算されます。よって、暦年課税により何回も贈与を受けている場合や、何人からも贈与を受けている場合は、それらの全てを合計します。贈与税額は、下の算式のように、贈与された財産の価額から基礎控除額110万円を差し引いた残りの額（課税価格）に、贈与税の税率をかけて計算します。

〈算式〉
（贈与を受けた財産の価額－基礎控除額110万円）×税率－控除額＝贈与税額

税率は、暦年課税の贈与税は累進税率ですので、課税価格を税率ごとに区分してそれぞれの税額を計算しなければなりません。簡単に計算できる

ように、税額計算する場合には下図の速算表を用います。

●贈与税の速算表

基礎控除後の課税価格 （配偶者控除後）		一般税率	直系尊属からの20歳 以上の者への特例税率
	200万円以下	10%	10%
200万円超	300万円以下	15%－10万円	15%－10万円
300万円超	400万円以下	20%－25万円	
400万円超	600万円以下	30%－65万円	20%－30万円
600万円超	1,000万円以下	40%－125万円	30%－90万円
1,000万円超	1,500万円以下	45%－175万円	40%－190万円
1,500万円超	3,000万円以下	50%－250万円	45%－265万円
3,000万円超	4,500万円以下	55%－400万円	50%－415万円
4,500万円超			55%－640万円

❸　特例贈与と一般贈与の二つの区分がある

　贈与を受けた年の１月１日現在で20歳以上の者（子や孫など）が直系尊属（祖父母や父母など）から贈与を受けた財産については特例贈与財産とされ、贈与税の計算に際しては特例税率を使用します。

　それ以外の人（兄弟、夫婦、未成年者の子など）が贈与を受けた財産については一般贈与財産とされ、贈与税の計算に際しては一般税率を使用します。このように、二つに区分されて贈与税率が異なっているため、今では贈与税の計算が複雑になっています。どちらの贈与財産についても贈与税の計算方法は❷で説明した計算式により行います。

　また、同じ年に特例贈与財産と一般贈与財産の両方を取得した場合には、基礎控除等の控除後の課税価格について、次の計算式により算出した金額の合計額（①＋②）がその年の贈与税額となります。

〈算式〉
① （課税価格×特例税率－控除額）× $\dfrac{\text{特例贈与財産の価額}}{\text{合計贈与財産の価額}}$

② （課税価格×一般税率－控除額）× $\dfrac{\text{一般贈与財産の価額}}{\text{合計贈与財産の価額}}$

4 相続時精算課税制度のしくみ

相続時精算課税制度は暦年課税との受贈者の選択によって適用が認められる制度で、満60歳以上の父母又は祖父母から満20歳以上（いずれもその年1月1日現在の年齢）の直系卑属である推定相続人（代襲相続人も含まれ、養子でもOK）及び孫に対する贈与については、相続時精算課税制度を選択することができます。相続人でない孫への贈与であっても2,500万円までは無税、これを超える部分については一律20％の税率の贈与税で済むという制度です。

贈与を受けた人は暦年課税により贈与税申告を行うか、相続時精算課税制度を適用して贈与税申告を行うかを、選択します。

◉相続税・贈与税の課税方式

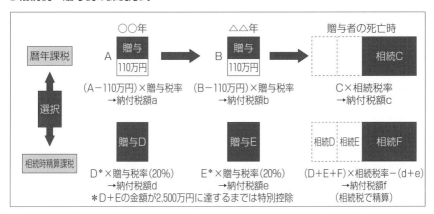

精算課税制度を選択した場合には、その他の財産と区分し贈与者ごとに贈与財産の価額を合計して計算した贈与税の申告を行います。贈与された時に支払う贈与税の計算方法は2,500万円の特別控除枠があり、2,500万円を超えた場合には、その超えた部分に対して20％の贈与税を払います。

相続が発生した時に、その贈与を受けた財産と相続した財産とを合計した価額をもとに相続税額を計算します。そうして計算した相続税額から二重課税とならぬように、支払った贈与税額を控除します。

もし相続税額から控除しきれない贈与税相当額があれば、還付を受けることができます。いってみれば、相続の時に贈与税と相続税との間の精算

を行うというしくみです。

5 特例贈与か精算課税かの選択

相続税がかかる人と、かからない人では贈与の方法、贈与するもの、贈与する時期により、税負担の有利不利が大きく異なります。

まずは自分が持っている財産を再確認し、「相続税がかかるのか」、「相続税がかからないのか」、かかるならばどれくらいかかるのかをしっかり把握してください。そのうえでどの財産を、どういった形で、誰に、どういう方法で贈与するかを検討します。

贈与は相続税対策に大きな効果がありますが、贈与のしかたを間違えるとかえって税負担が重くなることもありますので、贈与する際には専門家の意見を聞き失敗しない賢い贈与をしましょう。

6 相続税がかからなければ相続時精算課税制度を選択する

相続税がかからない人ならば、相続時精算課税制度を選択してどんどん贈与するのがよいかもしれません。特別控除額としては2,500万円もあり、複数年にわたって利用できるからです。

相続税の基礎控除額は「3,000万円＋600万円×法定相続人の数」となっており、相続時精算課税の適用を受けた受贈財産を持ち戻した相続財産がこの基礎控除額以下であるならば、相続税の申告の際も相続税はかかりません。最終的には特定贈与者である親又は祖父母からの贈与には贈与税が課税されない効果があるのです。

7 相続税がかかるなら慎重に選択して贈与する

相続税がかかる人は、単純に相続税を減らすだけというなら、暦年課税による110万円の基礎控除額を使いながら、相続税の実効税率より低い税率の範囲内で贈与を続ければ確実に有利です。

一方、精算課税制度は、合算される贈与財産の価額は贈与された時の課税価格で計算されますので、贈与財産が贈与時より相続時の方が値下がりしていた場合には、本来支払うべき相続税より高い税金を支払うことにな

第3章　民法改正を活用した相続＆相続税の賢い対策

り、相続人にとっては一大事です。しかし、収益物件や評価の上昇する物等を上手に活用すれば精算課税を選択した贈与でも相続税対策になり、生前に財産分割を終わらせることもできます。

8 精算課税贈与と暦年贈与との選択のポイント

図表に選択のポイントをまとめました。これを参考に、受贈者の年齢要件が引き下げられる生前贈与を賢く活用しましょう。

◉「どちらの制度を選ぶか」のポイント

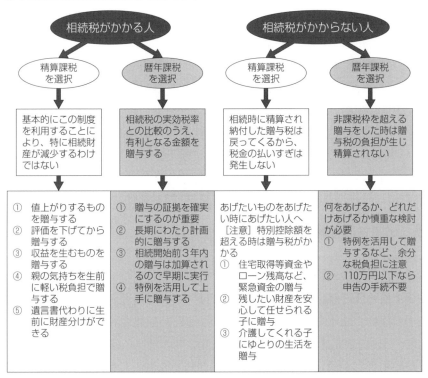

16 不動産オーナーや資産家が施行日までに準備しておくこと

> **POINT**
> - 配偶者に配偶者居住権を与えるか否かを検討し、配偶者居住権を遺贈するか又は配偶者居住権の死因贈与契約をするか否かを検討する。
> - 不動産事業を円滑に承継するため、遺言書の作成を準備し、公正証書遺言とするか、自筆証書遺言の法務局での保管にするかを決定する。
> - 経営者の場合には、可能であるなら平均余命が10年以上あるうちに、早期に自社株の贈与の検討を行う。
> - 相続開始後に相続人が被相続人の預貯金を速やかに払戻しができるように、預貯金を複数の金融機関に分散し、預貯金の仮払い制度を速やかに利用できるようにしておく。
> - 不動産事業や自社株の円滑な承継のため、事業や株式を引き継ぐ相続人に遺留分侵害額を支払えるようにするため、生命保険等の活用を検討しておく。

1 配偶者居住権設定の検討

　不動産オーナーや会社経営をしている方にとって、不動産事業や会社経営権の円滑な引き継ぎとともに気になるのは残された配偶者の方の生活の安定であろうと思います。改正民法では、残存配偶者が安心して住み慣れた居住建物の使用を継続できるようにするため配偶者居住権を創設しています。配偶者居住権は、遺産分割、遺贈、死因贈与、家庭裁判所の審判の4つの場合しか設定できません。このうち、被相続人が関与して配偶者居住権を設定する方法は遺贈か死因贈与しかありません。婚姻期間が20年以上の夫婦であれば、配偶者居住権を遺贈ないし死因贈与しても、特別受益の持戻しの免除が推定されます。配偶者居住権を遺贈するか又は配偶者居住権の死因贈与契約をするか否かを検討しておくことが必要でしょう。

第3章　民法改正を活用した相続＆相続税の賢い対策

② 遺言書作成の準備と、公正証書遺言か法務局の保管かを検討する

　不動産オーナーや会社を経営している方々にとって、遺言書を作成するか否かの検討は必須です。まずは、遺言書を作成するか否かを決定しておくことが必要です。そのうえで、遺言書を作成することとした場合には、公正証書遺言とするか、自筆証書遺言とするか、自筆証書遺言の場合は法務局による遺言書保管制度を利用するか否かも検討しておきます。法務局による遺言書保管制度は、遺言者自らが法務局に出頭する必要がありますので、健康状態等を考慮し、なるべく早期に検討しておくことが肝要です。

③ 自社株の贈与をするか否かを検討し、贈与する場合は早期に決定する

　改正民法の下では、経営者が、後継者となる推定相続人に自社株を贈与した場合、経営者が贈与後10年より長生きすれば、後継者は贈与により取得した自社株については、遺留分の算定から除外されることになりました。従って、自社株を贈与するのであれば、早期に行うことが肝要です。その要否、株数、時期等について事前によく検討しておくことが必要です。

④ 預貯金を複数の金融機関に分散しておくことも検討する

　預貯金は遺産分割の対象財産とされ、原則として、遺産分割協議が成立しない限り、相続人は預貯金の払戻しができないことになります。しかし、被相続人の債務の弁済や、共同相続人の生活保障等、預貯金を遺産分割協議成立前に払い戻す必要は生じます。改正民法による預貯金の仮払制度は、預貯金の3分の1の額に相続人の法定相続分を乗じた額の払戻しが認められますが、金融機関ごとに払戻しが可能な額は150万円とされています。そうしますと、預貯金を1つの金融機関のみにしていた場合には仮に預貯金が1億円あったとしても、150万円しか払戻しを受けることができません。少しでも多くの仮払いを受けられるようにするためには、ある

161

程度、複数の金融機関に預貯金を分散しておくことも検討しておく必要があります。

5 相続人が遺留分侵害額を支払えるように生命保険等の活用を検討する

相続人に平等に財産を取得させたいのは、やまやまですが、遺産の内容によっては、相続人全員に満足のいく財産を取得させることができない場合が往々にして生じます。その場合は、やむなく、相続人の一人又は数名により多くの財産を取得させる旨の遺言書を作成しなければならない事態も生じ得ます。その場合に、他の共同相続人から遺留分侵害額を請求された場合に備え、より多くの財産を取得した相続人に遺留分侵害額の支払いができるように配慮しておくことも必要になる場合があります。このためには、当該相続人に、相続財産とはならない固有の財産を取得させることを検討する必要があります。相続財産とはならない固有の財産を取得させる方法としては、契約者及び被保険者を被相続人とし、保険金受取人を当該相続人とする生命保険契約を締結することや、被相続人が会社経営者である場合には、被相続人の死亡弔慰金等の受取人を当該相続人のみに指定しておく方法などが考えられます。

相続法の改正に伴い、上記のような準備をしておくことが望まれます。

第4章

事例でわかる民法改正 （対話式解説）

事例1 後継者に遺産の大半である土地を引き継がせたい

　私（山田太郎）は家督相続で土地の全てを相続しました。同居している長男（一郎）家族みんなと私は仲が良く、長男が山田家を引き継いで祖先からの財産をしっかり守ってくれる予定です。ただ、嫁いだ長女（花子）や海外駐在の次男（二郎）と揉めないか、相続税が払えるかが心配です。相続法の改正を活かしたよい方法や賢い納税方法を教えてください。

相談者
山田太郎

　私は妻を亡くしていますので、法定相続人は子たち3人です。財産のほとんどは先祖伝来の土地ですので、自分の代だけではなく、自分の死後も家の土地を子たちが引き継いで、その後もずっと守り育ててほしいと考えています。私の子供たちの中で、先祖からの不動産を守っていってくれそうなのは、今一緒に不動産の管理をしてくれている長男の一郎しかいないと思っています。

　私には土地と建物等の不動産以外にも、僅かではありますが預貯金と株式もありますので、これらを長女と次男に相続させて、土地と建物は後継者となる長男に相続させたいのですが、そのためにはどうしたらいいのでしょうか。

　現在の法律では、相続は、原則として、民法に定める相続人が、民法の定める割合による相続分にしたがって遺産を分割することになっています。山田さんの場合は、相続人は3人の子ですが、3人の相続分は平等ですから各自3分の1の相続分を有しています。

江口弁護士

相談者

　私の財産には不動産もあれば、株式もありますが、子たちが相続する財産の額が、実際に相続財産の何分の1になるのかということは、どうやって確認するのですか。

164

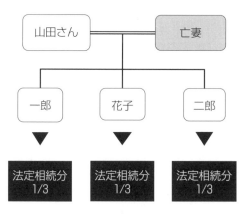

法定相続分		
第1順位	配偶者と子が相続人の場合	配偶者　＝１／２ 子　　　＝１／２
第2順位	配偶者と直系尊属が相続人の場合	配偶者　＝２／３ 直系尊属＝１／３
第3順位	配偶者と兄弟姉妹が相続人の場合	配偶者　＝３／４ 兄弟姉妹＝１／４ ＊父母の一方のみを同じくする兄弟姉妹（半血兄弟姉妹）の相続分は父母の双方を同じくする兄弟姉妹の１／２
第4順位	配偶者しか相続人がいない場合	配偶者が単独で相続
第5順位	配偶者がいない場合	子、直系尊属、又は兄弟姉妹のみが相続

相続の問題を考えるときは、まず相続財産のそれぞれを金銭に換算したときにどれだけの価額となるのかということを確認することが、最も基本的な前提となります。

江口弁護士

山田さんの相続財産には、土地や建物、有価証券や預貯金など、種類の違う財産が含まれていますから、このままでは比較ができません。そこで、山田さんの財産を全て金銭に換算して評価し、それぞれが取得する財産額が遺産の何分の1となるのかを判断することになります。

最も理想的なのは、山田さんの財産のうち、土地と建物はご長男の一郎さんが相続し、ご次男の二郎さん・ご長女の花子さんが残りの預貯金と有価証券とを相続した結果、それぞれの取り分が山田さんの相続財産の3分の1になっているという場合です。

相談者

それなら、私に万一のことがあった場合の相続税申告は、坪多税理士にお願いしようと思っていますので、坪多先生に、もし私が亡くなったとした場合の相続税の申告書を作る際の財産評価作業を、この時点でしてもらえば、すぐに分かるはずですね。

そう考えがちなのですが、ここでちょっと注意していただかなければならない点があるのです。それは、法律では、相続財産の評価は『時価』で行うものとされているのです。『時価』というのは、文字どおり、その財産を市場に出したらいくらで取引されるか、ということなのです。

江口弁護士

相談者

相続税を申告する際には相続財産は時価評価でするのではないのですか。

166

確かに相続税法では相続した時の『時価』で相続財産を評価することになっていますが、時価を正しくとらえることは難しいので、国税庁が具体的な評価方法を定めて財産評価基本通達を公表しています。

坪多税理士

例えば、土地の評価は路線価方式又は倍率方式、建物の評価は固定資産税評価額そのものであり、賃貸されていれば借地権価額や借家権価額が控除されます。

上場株式は相続の月を含め3か月間の平均の最も低い価額となっており、また、ゴルフ場の会員権は取引価額の70％となっており、相続税評価額は通常の時価より低いのが一般的です。

非上場株式については、同族関係者が自社株式を相続により取得した場合には、原則的な評価となり非常に高く評価されますが、同族関係者以外の者が取得した場合には、配当を基準とした非常に低い特例的な評価額（配当還元価額）により評価することができます。

このように時価が確かでない場合、納税者は相続税の申告の際、困ってしまいますので、国税庁が定めた評価方法により評価するのです。

税務上の評価は、今、坪多税理士がご説明されたような内容になるのですが、法律では、土地の評価額は、本来的には不動産評価の専門資格を持った不動産鑑定士の鑑定評価額によります。不動産鑑定を行わない場合には、専門家の意見を踏まえて便宜的に公示価額か路線価を使う場合もあると思います。

江口弁護士

預貯金額は通帳の残高を見れば分かりますし、有価証券は、上場株式の場合、とりあえずは新聞の株式欄を見れば確認できますよね。

これらの方法により、山田さんの財産を全部金銭に換算して、ご長男に相続させる予定の土地と建物が総遺産の何％を占めているのかをまず確認すべきですね。

山田さんの相続財産の評価額については概算でも結構ですが、すでに調査されているのですか。

山田さんの依頼を受け、私のほうである程度の財産調査と相続税評価はしてあります。これが山田さんの相続財産の一覧表です。この相続税評価額による調査においても、ご長男が相続する予定の土地と建物だけで、遺産総額の約75％を占めていますね。

坪多税理士

そうすると、各自の法定相続分が3分の1ですから、民法に定める相続分のままだと、ご長男は土地建物の全てを相続することはできませんね。ですが、相続は必ずしも民法の定める相続分の割合に従って行わなければならないというわけではありません。民法では、被相続人が遺言で法定相続分とは異なる相続分を指定することを認めています。ですから、山田さんが、ご長男の相続分を増やす遺言を作成することができるのです。

江口弁護士

また、相続法の改正で自筆証書遺言が作成しやすくなり、法務局預かりもされる予定ですからリスクも軽減されています。まずは自筆証書遺言を作成されてはいかがでしょうか。

相談者

それでは早速、私が長男の相続分を4分の3に指定するという自筆証書遺言を作っておけば問題は解決できるのですね。

確かに、遺言を遺しておけば、山田さんがお亡くなりになった場合には、直ちにご長男の相続分は4分の3に指定された効果が生じます。ですが、その遺言のとおりになる場合もあれば、遺言どおりにならない場合もあるのです。山田さんのお子さんたちが、後継者となるご長男だけに土地と建物を渡すつもりがあるかどうかということで決まるのです。

江口弁護士

なぜかというと、日本では遺言をしても奪うことのできない相続人の最低限の取り分として、『遺留分』というものが認められているからです。

第4章　事例でわかる民法改正（対話式解説）

遺言書の方式		
自筆証書遺言	公正証書遺言	秘密証書遺言
・本文を自筆で作成し、日付・署名捺印 ・目録は印字した書面でも署名・押印があれば有効 ・署名できない場合は作成不可	・公証役場で公証人に依頼して遺言書を作成 ・署名できない場合も作成が可能	・遺言書（自筆不要）を作成し、日付・署名捺印 ・公証人に筆者の住所・氏名を申述 ・署名できない場合は作成不可
誰にも知られず、1人で作成が可能 ＊遺言の存在は秘密 ＊遺言内容も秘密	公証役場で、公証人と証人2人の前で作成 ＊遺言の存在は証人が知る ＊遺言の内容も証人が知る	遺言書を1人で作成し、公証役場で公証人と証人2人の前で提出 ＊遺言の存在は明確 ＊遺言の内容は秘密
形式の不備・内容の不明確等による無効のリスクあり	公証人が作成するため無効のリスクは小さい	形式の不備・内容の不明確等による無効のリスクあり
偽造・変造・隠匿・未発見のリスクあり 法務局保管すればリスクは軽減	偽造・変造・隠匿・未発見のリスクなし	偽造・変造のリスクがない ⇕ 隠匿・未発見のリスクあり
費用がかからない	公正証書作成費用が必要 遺産額に応じた累進	費用が一定額
・検認手続が必要 ・法務局保管すれば検認不要	検認手続は不要	検認手続が必要

相談者

私の相続に関して言えば、具体的にはどういうことになるのでしょうか。

169

山田さんのお子さんは各自3分の1の割合の法定相続分を有しています。このとき、山田さんがご長男の一郎さんの相続分を4分の3に指定すると、残りの4分の1を残りの2人の子が平等に分けることになり、各自の相続割合は8分の1
になってしまいます。3人のお子さんが、それでも山田さんの遺言がそうなっているのなら仕方がないと納得してくれるのであれば、遺言どおりになります。

ですが、2人のお子さんが後継者だけに土地と建物を渡すつもりがなければ、自分たちの最低限の取り分としての『遺留分』をご長男に対して請求してくることがあり得ます。

遺留分の割合	
● 直系尊属のみが相続人の場合＝1／3 ● その他の場合＝1／2	
① 配偶者と子（孫以下の者が相続する場合を含む。以下同じ。）が共同して相続する場合	全員　　1／2
② 子のみが相続する場合	子全員が1／2
③ 配偶者と直系尊属（父母・祖父母）が共同して相続する場合	全員　　1／2
④ 配偶者と兄弟姉妹が共同して相続する場合	配偶者　1／2 兄弟姉妹　0
⑤ 配偶者のみが相続する場合	配偶者　1／2
⑥ 直系尊属（父母・祖父母）だけが相続する場合	直系尊属1／3

●**遺留分の算定方法**

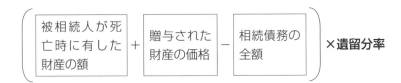

第4章　事例でわかる民法改正（対話式解説）

相談者

遺留分というのは、どれくらいの割合なのですか。

　遺留分の割合は、相続人によって違うのです。山田さんの相続人の場合は相続財産の2分の1となり、これに相続分を乗ずることになります。各相続の相続分が3分の1ですので、各相続人の遺留分は6分の1になります。

江口弁護士

　それが、土地建物を後継者のご長男に全て相続させるとなると、実際に2人の相続人が受け取る財産は8分の1ですから、遺留分を侵害することになってしまいますね。

相談者

それでも、私がそういう遺言を作れば、子たちは大概の場合、従ってくれるものではないのでしょうか。

　私がこの間、相続税の申告の依頼を受けたお家では、遺言書どおりに分けた割合について、後継者以外のあまり財産をもらわなかった兄弟が不満を持ち、とうとう遺留分の侵害額請求という申立てをし、今や法事どころではなく、兄弟で大揉めされています。

坪多税理士

　山田さんも自分の子供たちは大丈夫と思わず、一度よく家族で話し合われて、家を守っていく長男への応援を親族全員でされていくのか、確認されてはいかがでしょうか。もし、揉めるような雰囲気であれば、遺留分も考慮された遺言書を作っておくほうがいいかもしれませんね。

相談者

遺言を作れば、法的には長男の相続分が増えるかもしれません。でも、そういう遺言を作ったことによって、長男以外の子たちは自分がないがしろにされたと思い込んで、かえって揉めてしまうということになりはしないのでしょうか。

171

それは一番気になることですよね。確かに、遺言を見たときにご長男以外のお子さんたちは、当初はあまり面白くないかもしれません。でも、遺言をしなかったら揉めずに済むのかというと、土地と建物の価額で遺産の約8割を占めているのですから、遺言がないと大変な事態が起きることも想定できます。

坪多税理士

私の経験からすると、多くの場合、遺言がなくても揉めないようなご家族は遺言があっても揉めないし、遺言を見て揉めるようなご家族は、遺言がなかった場合はもっと揉めるんじゃないでしょうか。

私も、坪多先生のご意見と同じ考えです。遺言があっても、相続人が遺言に従おうとせず揉めるというご家族の場合には、遺言がなかった場合には確実に揉めることになると思います。

江口弁護士

遺言は、相続人を必ずしも平等に扱うものではありません。相続人を平等に扱えるような財産の構成であれば最初から遺言などは必要ないのですから…。

遺言をする以上、相続人間には不平等な結果となるかもしれませんが、重要なことは、そのような遺言をせざるを得なかった山田さんの思いがお子さんたちに伝わるような遺言書の記載方法を工夫するということではないでしょうか。遺留分の問題をどうするか決められたら、どんな遺言書を作成するか一緒に考え、山田さんの思いを形にしましょう。

ただ、山田さんほどの資産家の場合、相続には何と言っても相続税という難問がありますから、これも考えてどうするか考えないと悲惨な結果になることもあります。相続税の負担や納税方法も考えて、遺言書は作らないといけません。そのために、まず坪多先生に相続税のことを教えてもらいましょう。

第4章　事例でわかる民法改正（対話式解説）

◉贈与税と相続税の税率比較表

贈与税の課税対象金額※	税率	相続税の課税対象金額
200万円以下	10%	1,000万円以下
400万円以下	15%	3,000万円以下
600万円以下	20%	5,000万円以下
1,000万円以下	30%	1億円以下
1,500万円以下	40%	2億円以下
3,000万円以下	45%	3億円以下
4,500万円以下	50%	6億円以下
4,500万円超	55%	6億円超

※20歳以上の者への直系尊属からの贈与の場合

　相続税の計算は難しいので、簡単にその仕組みをお話しします。

坪多税理士

　相続税は次の順序で計算します。まず、全財産を時価評価します（財産評価基本通達に定められています。）。次に債務や葬式費用を控除して法定相続分により相続したものとして税額計算します。最後に相続税の総額を各人の実際の取得財産の割合に応じて按分します。

　そして、遺産にかかる基礎控除額ですが、次のように計算します。

3,000万円＋600万円×法定相続人の数＝基礎控除額

　山田さんのように相続人が子3人の場合、法定相続人は3人となりますから、遺産にかかる基礎控除額は次の金額になります。

3,000万円＋600万円×3人＝4,800万円

　よって、山田さんの場合、正味の遺産額が4,800万円以下ならば相続税は課税されないのです。
　次に、遺産には相続税のかかる財産とかからない財産があります。相続

173

税のかかる財産には、被相続人の死亡の日に所有していた現金・銀行預金・郵便貯金・株式・公社債・貸付信託・土地・建物・事業用財産・家庭用財産・ゴルフ会員権など一切の財産が含まれます。これらの土地、建物、有価証券、預貯金など全ての財産を相続税評価額で評価します。

相談者

遺産全てに相続税がかかることは分かりました。相続税対策の基本は贈与だとセミナーで聞いたことがあるのですが、贈与してしまえば遺産が減ってしまうのですから相続税はかからないのですね。

必ずしもそうなるわけではありません。相続等により財産を取得した人が、相続開始前3年以内に被相続人から贈与された財産は、贈与税の110万円の基礎控除の範囲内のものを含め、原則として、全て相続財産に加算しなければならない
坪多税理士

のです。また、相続時精算課税制度の適用を受けた財産も、全て相続財産に加算します。また、加算した贈与財産につき、既に支払った贈与税額があれば相続税額から差し引きます。ただし、相続時精算課税を選択した場合に限り、控除しきれない税額は還付されますので、二重課税の心配はいりません。

　また、被相続人名義の財産だけに相続税がかかるわけではありません。被相続人の死亡に伴って支払われる退職金や生命保険金も、相続財産とみなされ相続税の課税対象となるのです。ただし、お墓や一定の生命保険金等、相続税のかからない財産もあります。

- お墓・仏壇・祭具など
- 相続人が受け取った生命保険金及び退職金のうち、法定相続人1人につき各500万円までの部分

相談者

何にでも相続税はかかるんですね…。でも親の借金や葬式費用はどうなるのですか。

174

第4章 事例でわかる民法改正（対話式解説）

坪多税理士

ご安心ください。相続が開始したときに、現実に存在していた借入金などの債務のほか、公租公課や生前の入院費用などの未払金、通夜や葬式にかかった費用は、相続財産から控除することができます。

●葬式費用としての債務控除の可否

可	不可
・葬式（仮葬式も含む）そのものの費用 ・お寺さんへの戒名代、お布施（当日のもの） ・お通夜の食事代その他葬式前後の費用で通常必要なもの ・死体の捜索又は死体若しくは遺骨の運搬費用	・香典返戻費用 ・初七日以後の法会費用 ・墓碑及び墓地の購入費 ・医学上又は裁判上の特別支出

相談者

だからみんな相続税対策といって、借金をするのですね。そうやって税金のかかる額を計算した後、相続税はどうやって計算するのですか。

坪多税理士

最初にご説明しました基礎控除額を差し引いた課税遺産総額を法定相続人が法定相続分で分割したものとして、相続税の速算表の税率と控除額を用いて各人ごとの税額を計算し、その合計が相続税の総額になります。

相続税の総額に、実際に各人が相続した財産が課税遺産総額のうちに占める割合を乗じて計算した金額が、各人ごとの相続税額になるのです。

175

●相続税の速算表

法定相続分に応ずる取得価格		税率及び控除額
	1,000万円以下	10%
1,000万円超	3,000万円以下	15%−50万円
3,000万円超	5,000万円以下	20%−200万円
5,000万円超	1億円以下	30%−700万円
1億円超	2億円以下	40%−1,700万円
2億円超	3億円以下	45%−2,700万円
3億円超	6億円以下	50%−4,200万円
	6億円超	55%−7,200万円

●相続税の税額計算の仕組み

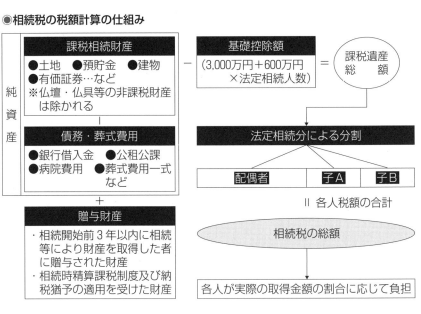

　なお、配偶者が相続した場合には、配偶者の税額軽減という相続税の特例があり、配偶者の法定相続分と1億6,000万円のうち、いずれか大きい方の金額については税額が軽減されます。よって、配偶者が取得した財産が1億6,000万円か法定相続分以下である場合は、配偶者には相続税はかからないのです。ただ、山田さんはもう奥様が亡くなっておられるので、

176

第4章　事例でわかる民法改正（対話式解説）

この特例は使えません。

相談者

　本当に妻を早く亡くして残念なことばかりです。では、いったい相続税の申告や納税はいつまでに終えればよいのですか。

　相続税の申告と納税の期限は相続の開始を知った日から10か月以内となっています。しっかりタイムスケジュールを組んで、きちんと手続を進めていかないと、後々問題が起きることになりますので注意してください。被相続人が死亡した
坪多税理士

日からのタイムスケジュール表を差し上げますので、一度見ておいてください。

◉相続税申告までのタイムスケジュール

```
                    ┌──────────────────────────────┐
                    │         被相続人の死亡         │
                    └──────────────────────────────┘
      ┌──────────┬──────────┐
      │          │ 7日以内  │ 死亡届の提出・死亡診断書を添付して市
      │          │          │ 区町村長に提出
      │          ├──────────┤
◎遺産（財産・債  │          │ ◎葬儀費用の領収書等の整理・保管
  務）の調査評   │          │ ◎遺言書の有無の確認
  価             │          │ ◎相続人の確認
◎遺産分割協議書 │          │ ◎遺産（財産・債務）の概要把握
  の作成         │          │
◎納税方法の検討 ├──────────┤
◎納税資金の準備 │ 3か月以内│ 相続の放棄又は限定承認：相続の放棄等
      │          │          │ をするか決める（家庭裁判所に申述する）
      │          ├──────────┤
      │          │ 4か月以内│ 準確定申告：被相続人の死亡の日までの
      │          │          │ 所得税の申告をする
      ├──────────┼──────────┤
      │10か月以内│          │ 相続税の申告と納税：延納、物納の申請も同時に行う
      └──────────┴──────────┘
```

相談者

　大事な人を亡くし打ちひしがれている遺族にとって、短期間に数多くのことをしなければならないのは大きな負担ですね…。
　山田家は相続税が高いぞと地主仲間から言われています。

177

私は一等地に自宅があり、それを知っている人から、相続税には自宅が80％引きになる制度があると聞いたのですが、どのような制度ですか。

それは被相続人が居住していた宅地については配偶者や同居親族が相続した場合には、330m^2 までの評価額を80％減額するという小規模宅地等の特例という制度で、都心に自宅を持っている人にとっては最大の減税です。

坪多税理士

〈誰が取得すれば適用を受けられるのか〉

「被相続人」か、「被相続人と生計を一にしていた親族」の居住に供していた家屋の敷地（宅地）

①から④のいずれかの場合、**特定居住用宅地等**となる

① 配偶者が取得した場合
② 被相続人と同居していた親族が申告期限まで引き続いて居住している場合
③ ①及び②の者がいない場合で、取得した者及びその配偶者が自宅を有しておらず、相続開始前3年以内にその者の3親等内の親族又は特別の関係のある法人等が有する家屋に居住したことがない者等一定の場合
④ 被相続人と生計を一にし自宅を有していない等の親族が、相続開始前から申告期限まで自己の居住の用に供している場合

相談者

それでは私の相続についてもこの特例が使えるのですね。

ご長男が相続された場合には、もちろん適用できます。山田さんの宅地は路線価評価で坪150万円くらいですから100坪で約1億5,000万円となりますが、80％引きなら3,000万円の評価額となり非常に有利な相続財産です。

坪多税理士

その他にも賃貸建物を建築されていますので、駐車場経営されている土地に比べると、土地は貸家建付地として、建物は貸家として相続税評価額

第4章　事例でわかる民法改正（対話式解説）

が下がりますので、不動産は金融資産と比較すると相続税法上は有利な財産となっています。ただ、不動産が税法上有利になっているとしても、二人のご兄弟が遺言書に納得せずに、遺留分を請求されると、一郎さんは金融資産では遺留分や相続税は到底払えないので困ってしまいますね。

相談者

そうなんですよ。私は全財産の3分の1にもなるような金融資産は遺せませんから、相続税の納税と遺留分の支払に一郎は困るだろうな。

そのとおりです。そこで、考えなければならないことは、ここからなんです。恐らく遺留分の請求金額はご長男の支払える金額を超えていると思われますので、現時点でご長男が支払えると合理的に考えられる額を計算して、山田さんが遺言中に、率直に他の2人のお子さんに相続させる分はこれだけだと記載して、遺言の中に『付言事項』として、山田さんのお子さんたちに対するお気持ちを記載しておくのです。

江口弁護士

相談者

江口先生、どんなことを付言事項に書けばよいでしょう。

例えば、この遺言は必ずしも長男と長女・次男に平等ではないように見えるかもしれないけれど、自分は3人とも同じように愛おしく思っていることや、長男は自分たちと同居してずっと世話をしてくれたので、ある程度これに報いる必要があると考えたこと、ご先祖様から引き継いだ不動産は今後も残したいこと、不動産を相続しても相続税を支払う資金がないので分割払い（延納）にせざるを得ないこと、それらを考えずっと悩んだ結果、この遺言以外に方法はないと考えに考えた末の結論なので、どうかこの遺言を受けとめてほしいと考えていること、等々でしょうか。

江口弁護士

179

なるほど、そうですね。相続の問題は遺言などの知識を持っておくことは重要ですが、それと同じくらい、親としての自分の気持ちを伝えていくことも大切なのですね。

そのとおりですね。もともと『相続』とは『相』つまり、すがた、ありさまを、『続』つまり続けていくことなのですから、代々の気持ちを引き継いでもらうことが本来の目的なのですからね。お子さんたちとよく話し合われて、将来的には山田さんの介護と家を守っていかれる長男へ不動産の全てを引き継がせることに異議がないか、ご長女やご次男のご意思を確認されてはいかがでしょうか。都心部の土地は時価が高いため、遺産分けで揉めているケースがよくあるからです。

親が生きているうちはあまり問題にならないのですが、両親ともに亡くなった場合に騒動は起きるのです。もし、納得されないような雰囲気であれば、一度ご相談にいらしてください。

ともかくも子たちとよく話し合い、これからのことをきちんと考えていこうと思いました。

第4章 事例でわかる民法改正（対話式解説）

事例2 生前贈与により遺留分対策に成功する

　私（吉川太郎）の次男（誠）はさんざん私たち夫婦に迷惑をかけたうえ、今では行方知れずです。長男（将司）、長女（洋子）は私たち夫婦の面倒をよく見てくれており、この二人に遺産を遺したいと思っています。相続法改正により生前に贈与すれば、遺留分の問題が解決すると教えてもらったのですが、税金のことも踏まえると、どのように活用すればよいでしょうか。

相談者
吉川太郎

　今日は相続法の改正で私たちの悩みが解消するのではないかとの希望をもってお伺いしました。令和元年7月1日から、新しい相続法が実施されているそうですが、遺留分の制度が大きく見直されて、3人の子のうち2人に財産を贈与してしまえば、他の子は文句を言えなくなったと聞いたのですが、そのとおりになるのでしょうか。

江口弁護士

　日本の相続法では、遺言や贈与でも奪うことのできない相続人の最低限の取り分として遺留分という制度があります。改正前民法では、遺留分を侵害する贈与は、遺留分を侵害された相続人が遺留分減殺請求権を行使することにより、自己の遺留分の割合まで贈与の効力を失効させることができるとされていました。しかし、改正民法では、遺留分を侵害された相続人は遺留分減殺請求権を行使することはできなくなり、遺留分を侵害する贈与の効力は否定されないことに変更されています。

相談者

　それでは、生前贈与をしてしまえば、贈与の効力を否定できないのですから、次男の誠は何も文句を言えないことになるのですね。

181

確かに、贈与自体の効力については誠さんは何も言えなくなります。しかし、改正民法では、遺留分を侵害された相続人は遺留分減殺請求権を行使できないのですが、遺留分侵害額請求権は行使することができるのです。

江口弁護士

相談者
遺留分侵害額請求権って何ですか。

改正民法では、遺留分を侵害する贈与の効力を否定されることはなくなったのですが、遺留分を侵害された相続人は、遺留分に相当する金額を請求できることにしたのです。ですから、ご長男の将司さんとご長女の洋子さんに全財産を贈与した場合には、贈与の効力が覆ることはありませんが、誠さんは、ご長男とご長女に対し、誠さんの遺留分が侵害された分に相当する金銭を請求できることになっています。

江口弁護士

相談者
それでは、せっかく贈与税を払って贈与したのに、意味がなくなってしまうじゃありませんか。遺留分に相当する金銭を長男と長女が次男に払った場合、長男と長女の税金はどうなるのですか。

相続税や贈与税はもらった人が払うので、遺留分を支払った将司さんや洋子さんが税金を払う必要はありません。遺留分の支払を受けた誠さんが相続税の申告をして、相続税を納税することになります。将司さんや洋子さんは既に支払った贈与税について更正の請求をして、余分に払った贈与税の返還を受けることができます。

坪多税理士

第4章　事例でわかる民法改正（対話式解説）

相談者

税金の払い過ぎの心配はないけれども、相続の遺産分けでは贈与しても遺留分の対策にはならないということですね。

そうではないのです。改正前民法では、相続人に対する贈与は、何年も前に行われた贈与でも、原則として、全て遺留分の計算の対象とされていたのです。ところが、改正民法では、相続人に対する贈与は、原則として、相続開始前10年以内に行われた贈与だけが遺留分の計算の対象になるとしてルールが変更されています。

江口弁護士

相談者

……。意味がよく分からないのですが、結局どこが変わるのですか。

つまり、ご長男とご長女に財産を贈与しても、それから10年以上ご相談者の方が長生きされれば、原則として、贈与した財産は遺留分の計算から除外されるということになるのです。

江口弁護士

相談者

私が10年以上長生きすれば、長男も長女も贈与を受けた部分については、遺留分の侵害として次男から金銭の請求を受けることがなくなるわけですか。それはいいですねぇ。長男も長女も私が長生きすることを本気で願うでしょうから、私が長生きできるように大切にしてくれますね。

ふふふ。これまでだってご長男とご長女はご両親のお世話をしてきたのですから、贈与を受ける受けないにかかわらず、今後ともご両親のお世話をしていかれると思いますよ。問題は、どれだけの財産をご長男とご長女に贈与するかですね。

坪多税理士

183

相談者

えっ、全財産を長男と長女に2分の1ずつ、贈与してしまいたいと思っているのですが、それでは何か問題があるのですか。

税金の観点から言えば、相続時精算課税制度を選択すれば、2,500万円を控除しその控除後の金額の20％に相当する金額の贈与税をいったん支払うことになりますが、贈与者の死亡時の相続税申告の際に、贈与財産を贈与時の課税価格で相続財産に持ち戻して相続税額を計算します。贈与時と相続時の財産評価額が変わらないという前提の場合、税金負担は変わりませんのでご安心ください。

坪多税理士

法律の観点から言うと、相続人に対する贈与は、原則として、相続開始前10年以内に行われた贈与だけが遺留分の計算の対象となるのですが、これには例外があるのです。それは、贈与者である吉川さんと、将司さんと洋子さんが、この贈与が次男に損害を加えることを知っていた場合には、相続開始から10年以上経過していても、贈与は遺留分侵害額の計算に算入されてしまうのです。全財産を将司さんと洋子さんに贈与すると、贈与者である吉川さんは、当然にご次男に損害を加えることは知っていたと判断されます。将司さんと洋子さん、吉川さんの財産がどれだけあるかを知っていたかどうかにより、損害を加えることを知っていたかどうかが判断されますが、ご両親のお世話をしていた将司さんと洋子さんは、今回の贈与の規模からするとご次男に損害を加えることは知っていたはずだと言われる可能性はあるかもしれません。

江口弁護士

でも、先生、そんなの簡単に分かることですか？　全財産を贈与して1か月後に亡くなれば、それは贈与当時、次男に損害を加えることは知っていたと言われるかもしれませんが、贈与から20年後に吉川さんが亡くなられた場合には、贈与当時、

坪多税理士

第4章　事例でわかる民法改正（対話式解説）

ご次男に損害を加えるかどうかなんて判断できないのではないでしょうか。

さすが！　鋭いですね。判例は、贈与当時に遺留分を侵害することを知っていただけでは足りず、将来において被相続人の財産が増加しないとの予見のもとで当該贈与がなされたものでなければ、損害を加えることを知ったとはいえないと判断しています。

江口弁護士

相談者
それでは、私に収入があって、贈与時点では全財産を贈与しても、十数年後には財産が増加しているとの前提で贈与していれば、次男に損害を加えることを知って贈与したことにはならないということですね。

そのとおりです。そのためには、贈与した時点で吉川さんの平均余命がどれくらいであるかは考慮されることになると思います。また、平均余命だけではなく、贈与時点での吉川さんの健康状態も確認しておくことが必要です。平均余命は18年あっても大きな病気に罹患しており、あと数か月の命と宣告されている場合は、その時点での全財産を贈与すると、遺留分権利者の遺留分を侵害することを知って贈与契約が締結されたと判断される場合もあり得ますからね。その点を考慮するならば、全財産を将司さんと洋子さんに贈与するよりも、ご次男にも何がしかの財産を取得させる形にしたほうが、ご次男に損害を加えることを知っていたとの判断がなされない可能性が高まると思います。その上で長生きしていただくのが一番ではないでしょうか。

江口弁護士

相談者
なるほど。その点は気を付けておく必要がありそうですね。もし、私が将司と洋子に贈与してから10年以上長生きした場合、私と将司と洋子に、誠に損害を加えるまでの認識がなかったとされる可能性はあり得ますね。もし、私たちには誠に損害を加えるまでの認識がなかったと判断されれば、将司と洋子に贈与した分については遺留分侵害額の請求を受けなくなるわけですね。ところで、孫を養子にして、一代飛ばしに財産を遺せば相続税対策になると聞

185

いているのですが、これには問題はないですよね。

そうですね。確かに養子縁組することによって相続人の数が増えると、相続人の数を使って計算する相続税の基礎控除額や保険金等の非課税限度額が増加しますので、相続税が減少することになります。

坪多税理士

ただ、そのために何十人もの養子縁組をする人がいて、あまりにも目に余るケースが増えたので、今では、相続人の数に算入できる養子の数は『基礎控除額の計算』『生命保険金・退職手当金の非課税限度額の計算』などで、実子がいない場合には2人まで、実子がいる場合には1人までに数が制限されています。よって、吉川家の場合には、税金対策としての養子による効果は1人のみです。

相続税法	民法
「基礎控除額の計算」「生命保険金・退職金の非課税限度額の計算」などで相続人の数に算入できる養子の数 　実子ありの場合：1人 　実子なしの場合：2人	養子の数に制限はない。
「配偶者の連れ子」を被相続人の養子とした場合、その養子は実子とみなす。	「配偶者の連れ子」を養子にする場合でも、特別養子縁組しない限り、普通の養子と同じ。
次の場合は、相続の放棄があっても、その放棄がなかったものとして計算する。 ・基礎控除額の計算 ・相続税の総額の計算 ・配偶者の税額軽減 ・未成年者控除 ・障害者控除 ・相続人の数に含まれる養子の数の否認 相続人でない者には適用されない事項 ・生命保険金の非課税枠 ・退職手当金の非課税枠 ・債務、葬式費用の控除	相続を放棄した者は相続人にならない。

ただ、この制限を民法にも当てはめて考える人が多いのですが、民法上はいまだに養子の数については制限がありませんので、ご長男やご長女のお子様と何人でも養子縁組できますよ。

相談者

では、孫たちに贈与をしたり、生命保険や年金契約の受取人にしようと思います。坪多先生、相続税の節税になるのではないですか？

おっしゃるとおり、相続税率より低い贈与を繰り返すことは相続税対策となります。しかし、相続税法では、相続等により財産を取得した者が相続開始前3年以内に贈与された財産及び相続時精算課税制度の適用を受けた全ての贈与財産は相続税の課税価格に組み入れることになり、原則として相続税対策となりませんので、ご注意ください。

坪多税理士

しかし、それ以外の贈与は相続税の対象外となりますので、上手に贈与することはベストな相続税対策となるのです。

たとえば、お子さんやその配偶者、お孫さんたちに毎年500万円くらい贈与を続ければ、年数が経てば経つほど大きな相続税効果が表れます。特に相続の時に財産をもらわない方々は、相続開始前3年以内であっても持ち戻しされないのですから効果が確定し、非常に有効な対策といえます。

相談者

遺留分の問題は非常に複雑なことや、いかに賢く贈与するかで贈与税と相続税を合計した納税額が大きく変わることも、よく分かりました。家に帰ったら、妻や将司、洋子とよく相談してみます。先生方、今後ともよろしくお願い申し上げます。

事例3 配偶者居住権を活用した相続対策＆相続税対策

　私（中村隆）は7年前に妻を亡くし一人暮らしをしていましたが、同窓会で初恋の人であるゆりさんに再会し、今では結婚を考えています。ただ、2人の子である長女と長男は私の相続のことを考えて反対しており困っています。相続税も考慮して、ゆりさんも安心でき、子たちも納得できる良い方法はないでしょうか。

相談者
中村隆

　　　　　　江口先生、先日長女たちにゆりさんと再婚したいと相談したところ、
「私たちはお父さんが、その女性と一緒に暮らしたいと考えていることに反対するつもりはありません。だけど、結婚するとなると、将来お父さんに万一のことがあった場合には、お父さんの財産の半分は配偶者となるその女性が相続するわけでしょう。
　お父さんが亡くなった後、そのゆりさんという女性がお父さんの財産の半分を相続するのはまだいいです。だけど、その後ゆりさんが他の男性と再婚したらどうなるのですか？それでゆりさんが亡くなったら、中村家の財産は、ゆりさんと再婚した男性が全部持っていくことになるんでしょう。
　ゆりさんには亡くなられたご主人との間に一人の娘さんがおられますが、立派に成人され、今は海外で結婚して幸せに暮らされていて、何の心配もないとお父さんは言うけれど、仮にお父さんが亡くなった後、ゆりさんが再婚せず独り身を貫いて亡くなったとしても、そのときはゆりさんの娘さんが、ゆりさんが受け取った中村家の財産をもらうわけでしょう。そりゃあ、お父さんが自分自身で築いた財産で、その女性と何十年も一緒に暮らした結果そうなるというのなら、私たちもそれでもいいかなと思うでしょう。
　だけど、中村家代々の不動産であり、お父さんはその人と何年一緒にいるか分からないにもかかわらず、中村家の財産の大半がゆりさんの娘さんに移るというのは納得できませんから、やっぱり、その結婚には賛成でき

ません。」
と反対されました。

　そこで、私がゆりさんに対して、俺が死亡した後に生活していくための最低限の財産だけ生前贈与して、それ以外は俺の財産に対して一切相続の権利を主張しないという一筆を書いてもらうから、それなら良いだろう？と言ったのですが、長女たちは首を縦に振ってはくれませんでした。

　ゆりさんの娘さんは海外に永住するつもりで、日本の財産には興味がなく遺産で揉めることはないと思うとゆりさんは言ってくれているので、なんだったら念書を書いてもらって、実印を押して、印鑑証明までつけてもらおうと思う。それならいいだろう？　と言っても、長男は
「父さんの生きている間に相続の権利を放棄すると、一筆書いても法律上は効力がないって聞いたことがあるよ。相続の権利は、被相続人となる父さんが生きている時に約束しても効力がないんだってさ。だから、実印をつこうが、印鑑証明を出そうが、そんな書面には効力がないんだって。だから、そんなんじゃ、結婚には反対するしかないよ。」

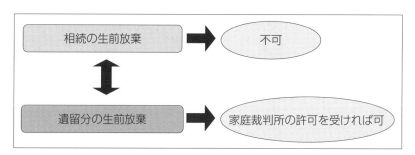

「私たちは、お父さんがゆりさんと一緒に暮らすことに反対しているわけではありません。ただ籍を入れてしまうと、今言ったような相続問題が起きるので、入籍だけはやめてくださいと言っているだけです。」
と何を言っても、長女も納得してくれません。

　しかし、ゆりさんと一緒に暮らすのに、籍を入れないということは、ゆりさんにとっても辛いだろうし、自分が亡くなった後の生活の保証もなくなるのだから、やはり一緒に暮らす以上は籍を入れて、きちんと夫婦であることをハッキリさせたいという気持ちは変わりません。

ただ、長女たちの言うこともよく分かります。長男の心配しているように、ゆりさん亡き後、中村家の財産が海外で永住するゆりさんの子のものになるのは、私自身気乗りがしないからです。

確かに、どちらの言い分もよく分かります。籍を入れてきちんとしたいという中村さんのお気持ちはよく分かりますし、中村家の財産が海外の人に流出するのを心配されるご長男たちのお気持ちも、もっともな面があるかもしれません。

江口弁護士

相談者

先生、だから困っているんですよ。どちらかが理不尽な話であれば、相手を説得すればよいのでしょうけど、私にはどちらが正しい意見なのか判断がつきません。だから、どうしていいのか分からないのです。

どちらの意見も間違ってはいないと思います。一緒に暮らす女性と籍を入れたいという中村さんのお考えは間違っていないし、中村家の財産を流出させたくないというご長男たちの考えを一概に間違っていると言って一蹴することもできないと感じます。

江口弁護士

相談者

それなら、どうしたら解決できるとおっしゃるのですか。

要するに、どちらも間違っていないとすると、籍を入れて、なおかつ、中村家の財産を流出しないという方法を考えればよいということになりますね。

江口弁護士

そんなこと、本当にできるのでしょうか。

遺留分の生前放棄

まず、問題点を整理しましょう。お子さんたちは、中村さんがゆりさんと正式に婚姻すると、中村さんに万一のことがあった場合に、中村家の財産のうち、かなりの部分がゆりさんのお子さんに移転してしまうことを懸念しているということでしたね。

そうなんです。それがネックで子供たちの賛成が得られないのです。

それであれば、中村さんがゆりさんと正式に婚姻届を出したとしても、ゆりさんに中村家の財産のかなりの部分が移転しないようにする法律上の方法があります。配偶者の法定相続分は、子がいる場合は2分の1ですから、ゆりさんは婚姻することにより、2分の1の法定相続分を有することになります。しかし、中村さんはゆりさんの相続分を、ゆりさんの生活が保証される部分程度に遺言で変更することができるのです。

それなら、遺言だけ作っておけば問題はなくなるのですか。

それだけでは駄目なのです。わが国では、遺言で相続人の相続分を指定しても、被相続人の兄弟姉妹以外の相続人には『遺留分』という、いわば遺言でも奪うことのできない相続人の最低限の取り分が認められています。ですから、ゆりさんも妻として入籍すれば、遺留分が認められるのです。

江口弁護士

相談者

先生、妻の遺留分はどれくらいの割合なのですか。

遺留分の割合		
● 直系尊属のみが相続人の場合＝１／３ ● その他の場合＝１／２		
①	配偶者と子（孫以下の者が相続する場合を含む。以下同じ。）が共同して相続する場合	全員　　１／２
②	子のみが相続する場合	子全員が１／２
③	配偶者と直系尊属（父母・祖父母）が共同して相続する場合	全員　　１／２
④	配偶者と兄弟姉妹が共同して相続する場合	配偶者　１／２ 兄弟姉妹　０
⑤	配偶者のみが相続する場合	配偶者　１／２
⑥	直系尊属（父母・祖父母）だけが相続する場合	直系尊属１／３

配偶者の遺留分は相続財産の２分の１です。これに配偶者の本来の法定相続分の２分の１を掛けて、中村さんの相続財産の４分の１がゆりさんの遺留分となります。通常は、相続財産の４分の１程度は配偶者の生活保証として確保すべきだ

江口弁護士

と思いますが、中村さんの場合、相続財産が東京都内の自宅に始まって、多数の貸地や貸家とその敷地を含めた土地・建物に預貯金、有価証券がありますから、４分の１といっても人が一生かかっても使いきれない程の財産となってしまいます。お子さんたちが懸念されているのもその点だと思います。

第4章　事例でわかる民法改正（対話式解説）

相談者

それに対して、何かいい方法があるのですか。長男は、相続の権利は私の生前中には放棄できないから問題なんだと言っているのですが。

確かに相続権の放棄は被相続人の生きておられる間になされても無効です。ですが、遺留分の生前放棄は家庭裁判所の許可を得れば有効に行うことができるのです。

江口弁護士

民法第1049条（遺留分の放棄）
　相続の開始前における遺留分の放棄は、家庭裁判所の許可を受けたときに限り、その効力を生ずる。
2　共同相続人の一人のした遺留分の放棄は、他の各共同相続人の遺留分に影響を及ぼさない。

　ですから、中村さんのケースでは、ゆりさんに生活に十分な金融資産を取得させることを遺言で明らかにすると同時に、それ以外の不動産を中心とする財産は中村さんのお子さんが相続する旨の遺言を残すことです。ゆりさんが取得する生活に十分な金融資産の額は中村さんの遺産総額からすると10分の1にも満たない割合だと思いますので、ゆりさんには、それ以上の遺留分を予め放棄することを家庭裁判所に申し立ててもらうのです。
　家庭裁判所の許可を受ければ、ゆりさんには中村さんの死後に生活していくのに十分な金融資産を残してあげられると同時に、不動産を中心とする中村家の大部分の財産はご長男とご長女が相続されることになります。これでしたら、お子さんたちも安心してゆりさんとの結婚に賛成してくれるのではないでしょうか。

相談者

なるほど金融資産についてはその方法が一番良いかもしれませんね。先生、遺留分の放棄についてはよく話し合ってみたいと思います。
　もう一つ困っていることは、私は子供のころから住んでいる先祖伝来の土地に自宅を立て直してゆりさんと暮らし、最期を迎えたい

193

と思っており、ゆりさんもそうしたいと言ってくれています。私がいなくなったとしてもゆりさん自身もそこを終の棲家にしたいと望んでいます。

ところが、長男たちが「そこは本家発祥の地だから、どうしても中村家が守っていく」と言っているのですが、何か良い方法はないでしょうか。

配偶者居住権の活用

実は相続法の改正で、令和2年4月1日以後の相続から「配偶者居住権」という制度が施行されますので、中村家には最適だと思われます。配偶者居住権とは、配偶者以外の相続人が配偶者の居住していた建物を取得した場合に、配偶者に終身又は一定期間の建物の使用を認めることができるという権利です。

江口弁護士

この建物の配偶者居住権をゆりさんに遺贈する、土地と配偶者居住権付きの建物の所有権をご長男に相続させるという遺言を書くのです。配偶者居住権を遺贈されたゆりさんにとっては、一定期間の終了若しくは自分の生きている間は家賃の支払の心配もなく、その家に住み続けられますので非常に安心な制度です。また、土地・建物の所有権を相続されたご長男にとっては、ゆりさんの死亡後は配偶者居住権が消滅し、完全所有権としてその土地・建物が戻ってくるのですから納得のできる方法でしょう。

相談者

なるほど、自宅の件についてはこの方法はなかなかいいですね。でも、相続税上は何か問題はありませんか。

被相続人の財産であった居住用建物に配偶者居住権が設定された場合における配偶者居住権及びその居住用建物と敷地の所有権については、相続税法の改正で相続税評価額の計算方法が規定されています。

坪多税理士

相続等により取得した建物の相続税評価額は固定資産税評価額とされており、配偶者居住権が設定された建物所有権や配偶者居住権の評価額は、建物や土地の相続税評価額を基に評価します。

第4章　事例でわかる民法改正（対話式解説）

　まず、建物所有権は建物の残存年数、経過年数、配偶者の完全余命表を基準に評価し、配偶者居住権の評価は自用価額から建物所有権を控除します。
　次に、配偶者居住権が設定された建物の敷地所有権は相続税評価額に配偶者居住権の残存年数に応じた複利現価率を乗じて評価し、敷地に対する配偶者居住権は相続税評価額から敷地所有権の評価額を控除して評価します（第1章Q4参照）。
　建物や土地をそれぞれ所有権と居住権に分けることにより、所有権一本のみの場合に比べて、それぞれの権利の価値は低くなります。合計すると元の相続税評価額に戻りますので、増税になることも節税になることもありません。どちらの目的にもかなう相続税評価と言えるのではないでしょうか。

相談者

それはそうですね。私の相続税が配偶者居住権を設定することで増えることも減ることもないなら、安心です。
　江口弁護士のご説明によりますと、ゆりさんが何らかの事情で住まなくなったり、亡くなった時には配偶者居住権が消滅するのですから、**長男の建物・土地の評価額が上がるような気がするのですが、その時には税金がかかるのでしょうか。**

　配偶者とその配偶者居住権が設定された建物の所有者との間の合意や配偶者による配偶者居住権の放棄により、配偶者居住権が消滅した場合には、建物及び土地等の所有者が、その消滅直前に、配偶者が有していた配偶者居住権の価額（対価の支払があった場合にはその価額を控除した金額）を、配偶者から贈与によって取得したものとみなされ、贈与税が課税されます。

坪多税理士

相談者

使えなかった不動産が使えるようになるのだから、贈与税がかかるのも仕方ないですね。では、ゆりさんが亡くなった時はどうなるのですか。

195

配偶者居住権は期間満了及び配偶者の死亡によっても消滅します。この場合の課税関係については措置法の政令において、課税はないとされています。

坪多税理士

つまり、ゆりさんが配偶者居住権を設定することにより、中村さんの相続時にご長男が取得した建物・土地等の所有権については配偶者居住権が控除されますので、大きく相続税評価額が下がることになります。その後、ゆりさんの死亡による相続時に、配偶者居住権が消滅し建物・土地所有権が完全所有権として相続税評価額が上がることになりますが、死亡により消滅した配偶者居住権については贈与税も相続税もかからないのですから、ご長男にとっては相続税の節税効果が高いといえます。

相談者

ゆりさんが亡くなったら必ず中村家に戻ってくるし、その時には税金もかからないならば、長男も長女も納得してくれるでしょう。

でも、いくら生活に十分な資産と自宅の居住権を渡すといっても、ゆりさんに遺留分を放棄してくれと言ったら気を悪くしないでしょうか。妻としての権利が十分に認められないということに不満を感じて結婚を断られるかもしれないと心配になってきました。ほかに、何かいい方法はないのでしょうか。

遺留分の生前放棄以外にも方法がないわけではありません。中村さんに万一のことがあった場合には、妻となったゆりさんが法定相続分に従って遺産の2分の1の財産に対する権利を取得したとしても、ゆりさんが死亡された場合には、ゆりさんが取得した中村さんの財産をご長男・ご長女に移転するような仕組みを利用する方法です。

江口弁護士

信託制度の活用

相談者

そんな方法があるのですか。私の相続だけではなく、私から相続したゆりさんの相続についてまで、私が予め決めることができるのですか。

196

『信託』という方法を使うとそれが可能になります。この信託制度を活用し中村さんが委託者として、ゆりさんに相続させたい財産について信託契約を締結しておくのです。その信託契約では、委託者（財産を預ける人）である中村さんが死亡したときに、ゆりさんがその信託財産の受益者（財産からの利益をもらうひと）となることを定めておくのです。

江口弁護士

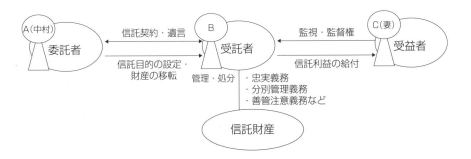

そうすると、どういうことが起こるのですか。

相談者

この信託契約を締結すると、中村さんが死亡された場合には、ゆりさんが受益者として、その信託財産から得られる利益を取得することができます。例えば、中村さんの貸地の地代や貸家の家賃を受け取ることも、自宅を自由に使うこと（使用収益）も可能です。これにより、ゆりさんは、中村さんの財産を相続したのと同じ状態になります。

江口弁護士

相談者 それはゆりさんも喜んでくれると思いますが、長男と長女にとっては嬉しくない方法ですね…。

　この信託契約だけだと、ご長男もご長女も納得できないと思いますが、信託法では受益者が死亡しその信託受益権が消滅した場合、他の者を新たな受益権者にすることを定めることができるのです。

江口弁護士

相談者 それは…どういうことなのか、今ひとつよく分からないのですが。

　要するに、受益者が死亡すると、順次、他の者が受益権を取得するよう定めることができるのです。
　つまり、中村さんが信託契約を締結して、その受益権をゆりさんが取得できるようにしておけば、ゆりさんは信託財産のいわば所有者としての権利を行使することができます。これでゆりさんは、名実ともに中村さんの妻としての権利を行使して人生を全うすることができます。
　そして、ゆりさんが亡くなられた後は、この受益権はゆりさんの相続人が相続するのではなく、ゆりさんが有していた受益権自体は消滅して、予め指定していた者、例えばご長男やご長女を受益者とする旨を定めておけば、いったんゆりさんに帰属していた中村さんの財産が、ゆりさんが死亡することにより、再び中村家に戻ってくることになるのです。

江口弁護士

第4章　事例でわかる民法改正（対話式解説）

信託設定から30年間は委託者の意甲を反映して、
最初の受益者か死亡しても、その次の受益者か死亡しても
最初の委託者が、受益者を連続して選ぶことか可能！！

あげたい人に財産をあげられる究極の方法！

（例）

ケース	第一次の目的	第二次の目的
ケースⅠ 夫婦に子供がいない場合	妻に財産を残す	妻死亡後は自分の兄弟に財産を渡したい場合
ケースⅡ 後妻との間に子供がいない場合	妻の生存中は妻に財産を残す	妻死亡後は先妻の子供に財産を渡したい場合
ケースⅢ 会社経営と事業承継の場合	長男に事業を承継させる	長男死亡後は次男に事業承継させたい場合

なるほど！　これなら、妻となるゆりさんも異存はないだろうし、子たちも賛成してくれるかもしれません。

仮にこうした制度を活用した場合に、相続税がどうなるのかを確認しておく必要がありますね。坪多先生、信託についての税金の取扱いについてご説明願えますか。

ご長男やご長女にとっては中村さんが亡くなられた後、再婚したゆりさんが相続された財産が、ゆりさんの亡き後、海外に永住されているお子さんに流れていくのを嫌って、二人の結婚を反対されているのですね。

でも実際は、結婚後のゆりさんが中村さんの意思をくみ取り、遺言書でゆりさんが中村さんから相続した財産を全て中村家の子たちに遺すという方法もありますし、ゆりさんが中村家の子供たちと養子縁組して、中村家

199

の財産を子たちに引き継がせる方法もあります。

しかし、いずれにしてもゆりさんの意思で行われることですから、ゆりさんを信じきれないご長男やご長女は納得しないでしょう。人間関係は親子といえども難しいです。

江口先生がご説明された受益者連続型信託とは、受益者（ゆりさん）の死亡により順次受益者（中村家の子供たち）が連続していき、信託契約から30年を経過した時点以降に新たに受益者になった者が死亡するまで信託が継続するものです。

後継ぎ遺贈型信託ともいわれ、これにより財産を分散させることなく委託者（中村さん）の意思どおりに順次継がせることができるようになったのです。まさに、中村さんの悩みの解決方法としては最適ですね。

自益信託の課税関係

まず、信託における税金の基本をご説明しましょう。

信託という制度は、税法上の原則は課税がパススルー（中抜け）となっており、受託者には課税関係は発生しません。つまり、委託者から受託者に財産の移転があった場合、原則として譲渡となるのですが、受託者についてはパススルーされ、委託者から受益者に資産が移転したとみなされるのです。

坪多税理士

よって、委託者＝受益者である自益信託においては、信託行為があった時に委託者Ａさんに譲渡所得は課税されず、受託者Ｂさんにも何ら課税関係は生じません。ただし、委託者＝受益者であるＡさんに相続が発生した場合には、信託受益権が相続財産とみなされ、契約により次の受益者となったＣさんに相続税が課税されるのです。

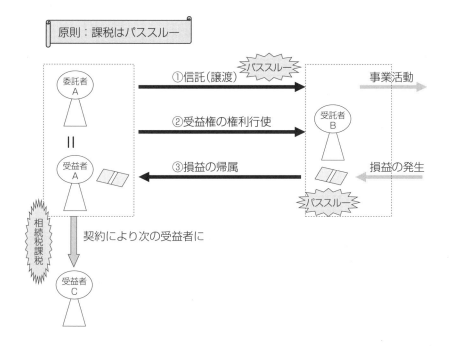

他益信託の課税関係

委託者から受託者に財産の移転があった場合、受託者についてはパススルーされ、委託者から受益者に資産が無償で移転したとみなされますので、委託者と受益者が異なる他益信託においては、信託行為があった時に委託者Ａさんから受益者であるＣさんに、信託受益権が贈与されたとみなされ贈与税が課税されます。その後の収益については、受益者Ｃさんに家賃や地代が発生したとして所得税が課税されます。

坪多税理士

相談者

誰に財産を移したかでなく、そこから生ずる受益権が誰に帰属するかで課税関係が決まるのですね。ようやく納得できました。

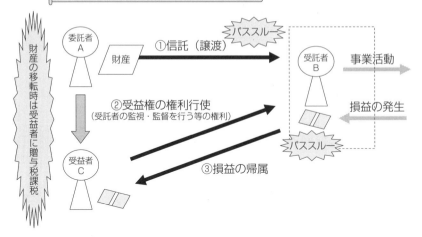

受益者等を変更した場合の課税関係

今までご説明しましたように、中村さん(委託者)が財産を信託すると、信託財産が受託者に移転するとともに、課税上は信託行為があった時に、受益者(ゆりさん)に信託した財産の贈与があったものとみなされ、ゆりさんに贈与税が課税されます。

坪多税理士

もし、生前に信託を設定したい場合には高い贈与税を避けるために、まず開始時点は委託者=受益者(中村さん)とする自益信託をして、中村さんが亡くなった時の次の受益者をゆりさんにする定めのある信託契約をしてください。そうすれば、生前中に贈与税はかかりません。

そして中村さんの相続時に、受益者(中村さん)の死亡により契約に定められたゆりさんが次の受益者となった場合には、信託受益権を相続財産として、委託者(中村さん)から次の受益者となったゆりさんに遺贈があったものとみなされ相続税が課税されます。

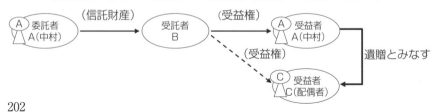

遺言信託の課税関係

中村さんが生前に信託行為を開始すると高い信託報酬がかかることもありますので、遺言で信託設定することもできます。

坪多税理士

遺言による信託設定の場合は死亡に伴い財産が受託者に移転することになり、その信託契約で受益者をゆりさんと定めておけば、ゆりさんが信託受益権を取得しますので、委託者（中村さん）から受益者（ゆりさん）に信託受益権の遺贈があったものとみなし、相続税が課税されます。

本来の遺言信託

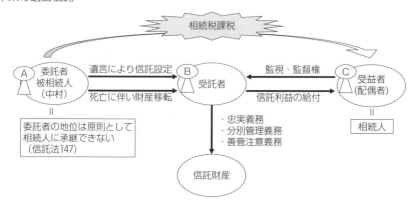

相談者

ゆりさんに財産が上手くいくところまではよく分かりましたが、配偶者が亡くなった後はどうなりますか。

先ほど説明しましたように、受益者連続信託を設定して、次、そしてその次と順次受益者を契約で定めておけば、受益者の死亡により、次から次へと受益者が引き継いでいくことになります。

坪多税理士

では次に、ご受益者（C）であるゆりさんの死亡後、ご長男を受益者

（D）と定め、ご長男の死亡後お孫さんを受益者（E）と定めた信託を設定していた場合の課税関係を説明します。

まず、ゆりさんが亡くなった時には、ゆりさんからご長男が信託受益権を遺贈により取得したとみなされて相続税が課税されます。

次に、ご長男が亡くなった時には、ゆりさんからお孫さんが信託受益権を取得したことになるのですが、ゆりさんはとっくに亡くなっているので、通常の相続税では対応できないことになります。そこで、お孫さんに対してはご長男から遺贈により取得したものとみなして相続税が課税されるのです。

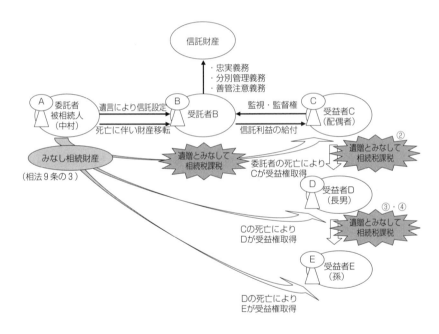

第4章　事例でわかる民法改正（対話式解説）

相談者

今のお話だとまず私の遺産をゆりさんが相続し、それについてはゆりさんが相続税を払う。次にゆりさんの遺産を長男が相続し、それについては長男が相続税を払う。最後に長男の遺産を孫が相続し、それについては孫が相続税を払う。
　普通の3代にわたる相続税の払い方と全く同じことに思えるのですがどうなのでしょうか。

　まさしくそうなのです。受益者連続型信託を設定したとしても、3代にわたり死亡に伴い財産が移転するので、相続税の計算上は3代にわたり順次相続した時と全く同じなのです。

坪多税理士

相談者

信託になればどんな課税関係になるのかと心配だったのですが、信託をしないで順次相続するのと、相続税では全く一緒なのですね。相続税が二重に課税されたり大きく増えるのならば、税負担が大変だから無理だなと思っていたのですが、同じならば安心です。この方法なら、これから一緒に暮らしてくれるゆりさんにも喜んでもらえるし、長男も長女もゆりさん亡き後は中村家に財産が戻ってくるので納得してくれると思います。
　ただ、私としては信託は手続が複雑なうえ、30年以上も子孫を自分の意思に縛ることになるので少し躊躇しています。また、やはり中村家の不動産は長男と長女が管理運営するほうがゆりさんと子たちの将来の関係も上手くいくと思います。ゆりさんにはこの信託の話をしたうえで、もしよければ配偶者居住権と金融資産を遺言で渡すことにして、遺留分の生前放棄をしてもらえないか聞いてみます。
　みんなと相談して何とか全員が幸せになれるように、先生方のお力を借りて頑張りたいと思います。

205

事例4　長年親の面倒を見てきた人に報いる方法

妹や弟がほとんど帰ってこないため、私（東京太郎）が家族と共に両親の面倒をずっと見てきました。両親に尽くした分だけ優遇される相続法の改正や税法の取扱いがあると聞いたのですが、教えてください。

相談者
東京太郎

江口先生、坪多先生、お久しぶりです。以前に貸地の明渡しでお世話になってから、もう10年以上が経ちますが、あれ以来、貸地の経営はお陰様で順調に進んでいます。

今日ご相談にお伺いしたのは、不動産の件ではなく、両親の相続に関することなのです。両親も高齢となり、介護が必要なのですが、私の妹や弟は九州と関西地方に住んでおり、自宅にもほとんど立ち寄ることがないため、年老いた両親の世話は同居している長男である私たち夫婦が面倒を見ています。私たち夫婦といっても、私は勤めがありますので、実際のところは、私の妻が両親の世話を一手に引き受けてくれています。両親も妻が献身的に食事の世話から両親の衣類の洗濯、片付け、日常生活の世話から入浴の介助、歩行の補助等々本当によくやってくれることにとても喜んでくれており、私としては、もう妻には頭が上がらない思いで、本当に妻には感謝しています。

今日、お伺いしたのは、両親に万一のことが起こった場合、遺産をどのように分けるかということです。ほとんど自宅を訪ねてくることもなく、両親の世話を全くしていない妹や弟と、長年にわたり両親と同居して面倒を見てきた私とで、相続する財産が同じ割合だということはないと思うのですが、実際のところ、どのように遺産の分配が行われるのでしょうか。

まず、私から、相続に関する基本的なルールを定めている民法の原則についてお話ししましょう。民法は相続人の権利について、「相続人が数人あるときは、相続財産は、その共有に属する。」（民法第898条）と定めています。その上で、

江口弁護士

「各共同相続人は、その相続分に応じて被相続人の権利義務を承継する。」（民法第899条）と定められており、「子、直系尊属又は兄弟姉妹が数人あるときは、各自の相続分は、相等しいものとする。」（民法第900条）と定めています。これを「均分相続」といいます。つまり、被相続人が死亡した場合、子が複数いる場合は子らの相続分は同一とされているのです。

相談者

ええっ！ それでは、両親の世話を全くしていない妹や弟と、長年にわたり両親の面倒を見てきた私も同じ子の立場だから、相続する財産が同じ割合だということになるのですか。それは余りに不公平じゃないですか。そんなことが認められてもいいのでしょうか。

そのとおりです。均分相続は同じ相続人を平等に扱うものですが、時には、平等であっても不公平であるという場合もあり得ますね。そのような場合に備えて、民法には「寄与分」が規定されているのです。

江口弁護士

寄与分とは何かというと、「共同相続人中に、被相続人の事業に関する労務の提供又は財産上の給付、被相続人の療養看護その他の方法により被相続人の財産の維持又は増加について特別の寄与をした者があるときは、被相続人が相続開始の時において有した財産の価額から共同相続人の協議で定めたその者の寄与分を控除したものを相続財産とみなし、第900条から第902条までの規定により算出した相続分に寄与分を加えた額をもってその者の相続分とする。」（民法第904条の2）と定めています。

相談者

内容が複雑ですぐには理解できないのですが、要するに寄与分って何のことなのですか。

207

分かりやすくいうと、被相続人の財産を増やすことに寄与貢献したり、被相続人の財産が減るのを防いだりして財産を維持した相続人がいる場合は、その寄与貢献をした相続人の相続分を増やすという制度を寄与分といいます。

江口弁護士

民法の規定によると、寄与分は、「共同相続人の中に、被相続人の財産の維持又は増加について特別の寄与をした者があるとき」に認められるものとされています。

相談者

財産の維持又は増加に寄与するということですが、どのような場合がそれに該当するのでしょうか。

民法では、寄与分が認められるような「財産の維持又は増加」とはどのような行為をした場合に認められるかも、きちんと定められているのですよ。民法は、「被相続人の財産の維持又は増加」については、「被相続人の事業に関する労務の提供又は財産上の給付、被相続人の療養看護その他の方法」によるものとしています。

江口弁護士

したがって、被相続人が営む事業について相続人が働くなどして労務の提供をしたり（労務提供型）、被相続人に資金や資産を提供したり、被相続人の借財を当該相続人が自己の資産をもって弁済してあげた場合などのように被相続人への財産の給付が行われた場合（財産給付型）、被相続人が高齢であること等から本来であれば介護人を付けなければならないところを、相続人が療養看護を行って介護人に支払うべき金銭を支払わずに済ませて被相続人の財産の減少を食い止めた場合（療養看護型）などに認められるものとされています。

第4章 事例でわかる民法改正（対話式解説）

相談者
　それでは、私の場合は、妻が両親の世話をしてくれたのですから、寄与分は間違いなく認められるのですね。

江口弁護士

　寄与分は、被相続人の世話をすれば常に認められるというわけではありません。例えば、相続人が、被相続人に対して長期間、毎月、一定の金額の仕送りを続けていたという場合は、被相続人の財産の増加に寄与貢献したことになります。
また、被相続人の借金を、相続人が自分の給料から返済してきたという場合には、財産は増加しないけれども、減少を免れたという意味で財産の維持に寄与貢献したことは明白ですよね。
　これに対して、被相続人の世話をしたという場合は、これによって被相続人の財産が増加するわけではありませんから、少なくとも被相続人の世話をしたことにより、被相続人が本来支払うべき必要な費用の支出を免れ、被相続人の財産の維持（減少することを防止した）ということが必要になります。被相続人が本来支払うべき必要な費用の支出を免れたということは、例えば、被相続人が高齢で、本来であれば施設に入所したり、介護士を依頼したりしなければならない状況である場合に、相続人が被相続人の療養看護をしたことにより、施設の入所費用や介護士への報酬を支払わなくても済んだというような場合がこれに当たると考えられます。

相談者
　なるほど、我が家の場合には、食事の世話から両親の衣類の洗濯、片付け、日常生活の世話から入浴の介助、歩行の補助等々をやってきたのですが、親がそのようなサービスをお金を支払ってでも受けなければならないような状態であったか、それを私たちが療養看護したために施設入所費用や介護業者さんに支払う費用を節約できたかどうかがポイントになるのですね。
　ちょっと気になったのは、江口先生は、民法では「特別の寄与」をした場合に寄与分が認められると説明していただきましたが、「特別の寄与」とは、どういうことが必要なのでしょうか。

209

寄与分が認められるためには、「特別の寄与」が必要とされていますが、特別の寄与とは、親族としての身分関係から当然なすべきと考えられているような療養看護は該当しないと解されています。例えば、両親が風邪をひいた場合に、薬を飲ませてあげたり、布団を敷いて寝かせたり、熱を計ってあげるというような行為は、親子の間では当然に期待されることですよね。そのような親族間において当然に期待されるような範囲を超えた、特別な寄与でなければ寄与分は認められないということです。

江口弁護士

なぜなら、親子間で当然に期待されるような範囲内の行為であれば寄与分を算定して報いる必要はなく、子は無条件に一定割合の相続分を認められていますので、その相続分で十分に報いていると考えるわけです。太郎さんのケースでは、本来付添人が必要な場合に、子が療養看護して付添人の費用の支出を免れたという場合、その程度が顕著で長期間にわたるような場合は「特別の寄与」と認められるものと考えられます。

相談者

それを伺って安心しました。それでは私は、両親に万一のことがあっても、相続の際には寄与分を受け取ることができるのですね。

この点で問題となることがあります。それは、民法では寄与分は相続人に対してのみ認められるということです。東京さんの場合には、ご相談者ご自身には勤めがあり、実際のところは、ご相談者の奥様がご両親の世話を一手に引き受けておられたとのことです。

江口弁護士

厳格にいえば、寄与したのは東京さんの奥様であって東京さんご自身ではないということになります。東京さんは相続人ですが、その奥様は相続人ではありませんので、奥様に寄与分が認められないということは明らかです。

第4章 事例でわかる民法改正（対話式解説）

う〜ん。……それでは、せっかく両親の世話をしてきたにもかかわらず、私は寄与分を受け取ることができないということになるのでしょうか。妻は私がいるからこそ、私の両親の世話を献身的にしてくれたのですから、妻がやったことは夫である私がやったことだとは考えられないのでしょうか。夫婦は一体として考えてもらわないと、やるせない思いです。

確かに、奥様が行ったことはご主人のためという面もあるはずですね。そこで家庭裁判所の決定の中には、奥様はご主人の履行補助者（奥様ご自身の行為というよりも、ご主人が行うべきことを補助して行う者）とみなして、奥様が行った
寄与行為は、ご主人の行った寄与行為であると判断して、ご主人の寄与分を認めたケースがあります。

それでは、両親の遺産分割をする際には、妻が行った寄与貢献を理由に、私に寄与分が認められる可能性があるということですね。

はい、その可能性はあると思います。

江口先生、今のケースに関してですが、仮に、ご主人がご両親よりも先にお亡くなりになっていた場合には、奥様の寄与貢献はどのように判断されるのですか。

さすがに鋭いですね。家庭裁判所の決定例では、奥様の寄与貢献をご主人の寄与貢献と同視して、ご主人に寄与分を認めるものもあるのですが、それはご両親が亡くなられたときにご主人がご存命で、ご両親の遺産分割協議に参加できる場

211

合の話です。寄与分とは、遺産分割協議等をする場合に、遺産分割に参加した相続人の寄与貢献を考慮して、その相続人に寄与に応じた相続分を与える制度だからです。したがって、ご主人が亡くなられたとすると、寄与分を受け取ることのできる相続人がいないわけですから、奥様の寄与貢献した分を認めることはできなくなってしまいます。

改正前民法
➤亡長男の妻が被相続人の介護をしていた場合

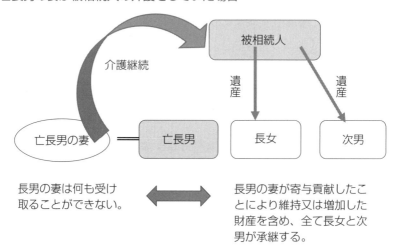

妻の寄与貢献を認めることができないということは、どういうことなのでしょうか。私が両親よりも早く死亡した場合には、妻が寄与貢献した分は両親の世話を何もしていない妹や弟が相続人として全て受け取るということですか。

相談者

誠に残念ですが、改正前の民法ではそうならざるを得ないのです。ですが、民法の改正により令和元年7月1日以降に発生した相続については、被相続人の親族が被相続人に対して無償で療養看護その他の労務の提供をしたことにより被相続人の財産の維持又は増加について特別の寄与をした被相続人の親族（この親族を「特別寄与者」といいます。）は、相続の開始後、相続人に対

江口弁護士

し、特別寄与者の寄与に応じた額の金銭（これを「特別寄与料」といいます。）の支払を請求することができることになりました。

もし、相続人が特別寄与者である奥様の特別寄与料の支払請求に応じない場合は、特別寄与者は家庭裁判所に特別寄与料の支払いを求めることができます。ただし、特別寄与者が、相続開始の事実と相続人を知った時から6か月以内、相続開始の時から1年以内に請求しなければ、特別寄与料の請求権は認められなくなります。

期間が短いので、請求される場合には十分に気を付けてください。

改正民法による特別寄与者制度

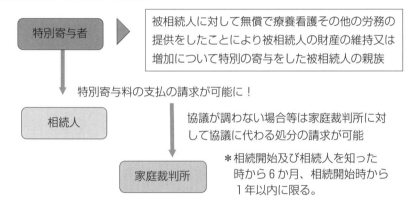

**具体的に、私の場合でいうとどうなるということですか。
改正民法では、私の妻にも寄与分が認められることに法律が改められたのでしょうか。**

相談者

改正民法では、被相続人の親族が、被相続人に対して無償で療養看護その他の労務の提供をしたことにより被相続人の財産の維持又は増加について特別の寄与をしたということを条件に、その親族に特別寄与料の請求を認める

江口弁護士

ということです。奥様は相続人ではありませんがご両親の親族には該当しますので、奥様がご両親に対して療養看護や労務の提供をしたことによって、ご両親の財産が減るのを免れたという場合には、奥様はこれまでの民

法とは異なり、被相続人の遺産を承継する相続人である東京さんの妹さんと弟さんに対して、特別寄与料という金銭の請求権を有することが認められたということです。

この場合、あくまでご両親の相続人は妹さんと弟さんの2人であって、奥様が相続人と認められるわけではありませんし、奥様に寄与分が認められるわけではないことに注意してください。奥様は相続人ではありませんから、ご両親の遺産分割協議に参加することはできません。

ただし、奥様は、奥様が寄与貢献したことに対する特別寄与料を、妹さんと弟さんに請求できるということです。

亡長男の妻が被相続人の介護をしていた場合
➤改正相続法での取扱い

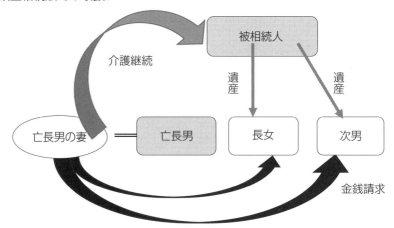

相談者　今のご説明だと、私の妻が特別寄与者として認められたとしても、私の妻が遺産分割協議に参加して自己の取り分が認められるというわけではないのですね。そうすると坪多先生、私の妻が受け取る特別の寄与料については相続税ではなく、別の課税が行われるのでしょうか。この場合に、妻に課税される税金の内容について教えていただけますか。

第4章　事例でわかる民法改正（対話式解説）

被相続人の介護や療養看護等の特別寄与を行った相続人が、寄与分として余分にもらった財産には相続税がかかっていました。同様に、相続人以外の被相続人の親族が特別寄与をした場合において、請求できることになった特別寄与料に

坪多税理士

ついて、相続人に対して金銭（特別寄与料）の支払請求をした場合に、支払が確定した特別寄与料については、その請求をした者（特別寄与者）が、特別寄与料の額に相当する金額を、特別の寄与を受けた被相続人から遺贈により取得したものとみなして相続税が課税されることになります。

つまり、奥様が取得された特別寄与料は相続税の対象となり、相続人に加わって、共同して相続税の申告をすることになります。また、一親等の血族ではありませんので、東京さんと異なり相続税が2割加算されて課税されるので、ご注意ください。

相談者

相続税の対象となるのは当然だと思うのですが、妹や弟と一緒に相続税の申告をすることになるのは、嫌がるだろうな。では、特別寄与料を支払った妹や弟の税金はどうなるのですか。

特別寄与者が支払いを受けるべき特別寄与料の額が、特別寄与者の課税価格に算入される場合においては、特別寄与料を支払うべき相続人に係る課税価格に算入すべき価額は、その財産の価額からその特別寄与料の額のうちその者の負担す

坪多税理士

べき金額を債務として控除することになります。なお、通常の債務控除と異なり、特別寄与料は相続時精算課税制度により加算された財産からも控除することができます。

妹や弟が特別寄与料を支払うのを渋ったとしても、支払った金額が債務として控除できるのなら、相続税申告はスムーズに進むように思います。
でも、裁判になったら結審まで時間がかかり、相続税の申告期限である10か月までには間に合わないと思うのですが、この取扱いは

215

どうなるのでしょうか。

坪多税理士

そうですね。家庭裁判所への申立て等があった場合には、まず相続税の申告期限内に特別寄与料が確定することはまれでしょう。その場合には、特別寄与料は無かったものとして相続税の申告をすることになりますので、当然に奥様はその相続税申告には加わりません。

奥様の場合は、特別寄与料が確定し遺贈により取得したとみなされ、新たに相続税の申告書を提出すべき要件に該当することとなった事由、つまり裁判で特別寄与料を支払うことが確定したことを知った日の翌日から10か月以内に相続税の申告書を提出することになります。

また、特別寄与料の支払いを受けたことにより、遺贈等により既に確定した相続税額に不足が生じた場合には、その事由が生じたことを知った日の翌日から10か月以内に相続税の修正申告書を提出しなければなりません。

妹さんや弟さんは、相続税の申告期限後に特別寄与料の支払いが確定したことにより、相続税額が過大となった時は、裁判等で特別寄与料の額の確定を知った日の翌日から4か月以内に限り、更正の請求をすることができます。

相談者

なるほど。早くまとまらないと手数は二倍以上になり大変ですね。江口先生、早くまとまるためには、事前にどのような準備をしておけばよいのですか。

江口弁護士

奥様が、特別寄与者として特別寄与料を請求するためには、奥様がどのような特別寄与行為をしたのかを立証するために、寄与行為の記録が残されていることが必要になります。これまであまり意識しておられないことだとは思いますが、ご両親にお世話をした内容が、後になっても分かるような記録をつけたり、書類を保存しておくことを心がけてください。

相談者

分かりました。これ以外に何か注意することはありますか。

江口弁護士

この点は注意しておかなければならないことですが、寄与分は相続人が仕送りをした場合などの財産交付型が認められているのですが、特別寄与料の場合は、「無償で療養看護その他の労務の提供をしたこと」が要件ですので、財産交付型は認められていないということにご注意ください。

相談者

よく分かりました。私たち夫婦は、両親に対しては、法律がどのような内容であれきちんと世話をしていこうと思っていますが、万一の場合に、妻に悲しい思いをさせないようにすることも必要だということを感じました。これから妻とよく話し合っていこうと思います。

また、生前に準備しておくことが妻への感謝の気持ちを表すことになるということを、私から両親によく説明して、遺言書を書くか、妻を生命保険の受取人に指定してくれるよう頼んでみます。その際には、両先生、自宅までご足労いただき、両親に話していただけませんでしょうか。よろしくお願い申し上げます。

また今日は、お忙しい中相談に乗っていただき、民法の改正に伴う新情報や賢い活用法を教えていただき、本当にありがとうございました。

事例5 賢い遺産分割により相続税を節税する

　父が5月1日に亡くなりました。相続人は母と私たち2人姉妹と養子縁組した私（長女由美）の夫（義男）の4人です。遺産分割の仕方で大きく相続税が変わると聞いたので、揉めずに相続税の節税になる財産分けについて教えてください。

由美

　先生の事務所に毎年不動産所得に関する確定申告を依頼している母が、この度の父の相続税申告は是非先生にしてもらいたいといっており、先日ご依頼しましたところ、喜んで引き受けてくださり家族一同安心しております。何とか早く遺産分割も終え、相続税の納税も終えたいと思っていますので、くれぐれもよろしくお願いします。

　さて、昨年父が倒れたときに、先生に"財産の棚卸"を依頼し相続税を計算してもらいましたよね。その時は法定相続すると仮定して計算してもらったのですが、1億円くらいの相続税と教えてもらいました。それくらいの相続税額を支払う心づもりでおり、夫婦で検討した遺産分割の方法について、初盆の法要でみんなに提案したいと思っています。

　ただ、地主仲間に遺産分けの仕方によって大きく相続税が変わると聞いて心配になってきました。そこで二人で考えた分割案を先週送らせていただいたのですが、ご覧になっていただけましたか。今はまだ財産調査の最中だと思いますが、今日は二人で、あの分割案の場合の相続税がそれぞれどれくらいになるか教えていただきに参りました。

　まだ、預貯金の流れや金融資産の相続財産の範囲は確定していないので概算となることにご留意ください。ただし、川村家の財産はほとんどが土地で、土地の評価は終わっていますので、分割がこのような形で固まるならば、相続税の総額は1億5,000万円くらいではないでしょうか。

坪多税理士

218

第4章　事例でわかる民法改正（対話式解説）

由美

昨年教えてもらった相続税額は1億円くらいだったと思うのですが、何か間違っているのではないですか。相続税額が1.5倍以上になるなんてびっくりします。納税ができなくなるのではと心配です。

坪多税理士

　昨年の相続税額を計算した時は法定相続人が法定相続したとして計算しています。最大限相続税を少なくするために、土地を地積規模の大きな宅地として評価する、二つに分筆して取得するなど、様々な手法を活用する予定であり、また、農地の納税猶予や配偶者の税額軽減の特例などを活用した結果だったのです。よって、先日送っていただいた遺産分割の方法では、相続税が増えざるを得ないのです。相続税を少なくしたいならば、分割の方法を考え直した方がいいですね。

由美

本当に財産の分け方でこんなに相続税額が違うとは思いませんでした。それならば、どう分けるべきか一から教えてください。

坪多税理士

　まず川村さんご夫妻が考えられた遺産分割で、なぜ相続税額が増えたのかをご説明します。これは様々な特例が使えるかどうかで税額がずいぶん異なるからなのです。
　まず自宅の相続ですが、今回は全てお母様が相続することになっています。自宅の敷地については配偶者や同居している親族が相続した時には、330m²まで80％減額できる「小規模宅地等についての課税価格の計算特例」という制度があるのです。もし、第一次相続で配偶者が適用を受けた場合、配偶者が亡くなった第二次相続時に、初めて子がその適用を受けることになります。もともと配偶者の法定相続分までの財産の取得については相続税の軽減措置があり、配偶者は相続税を払わなくてもよいのですから、この特例の適用を受ける必要がないといえるでしょう。したがって、川村さんの自宅は広く660m²ありますので、今回の第一次相続で

は２分の１（330m²）を由美さんか義男さんが相続して80％減額の特例を受け、残りの２分の１をお母様が相続されるとよいでしょう。次のお母様の第二次相続の時に330m²の全てがもう一度80％減額の特例の適用を受けられるからです。

義男　そうか、80％減額される最高の相続税対策となる宅地は、税金のかからない母が相続しても無駄なんだな。

●**対象宅地の要件**

被相続人か、被相続人と生計を一にしていた親族の居住もしくは事業用に供していた家屋等の敷地（宅地）

特定居住用宅地等（注）

① 配偶者が取得した場合
② 被相続人と同居していた親族が申告期限まで引き続き居住している場合
③ 配偶者及び同居法定相続人がいない場合で、相続開始前３年以内に自己又はその配偶者・３親等内の親族・同族会社・一般社団法人等が所有する家屋に居住したことがない者又は居住している家屋を有したことがない者等が相続するなど一定の場合で申告期限まで保有している場合。
④ 被相続人と生計を一にしていた親族が相続開始まで自己の居住の用に供している場合

特定事業用宅地等（注）

① 被相続人が営んでいた事業を申告期限まで引き続き営んでいる場合
② 被相続人と生計を一にしていた親族が相続開始前から申告期限まで自己の事業の用に供している場合
※ 相続開始前３年以内に事業の用に供された宅地等は特定事業用宅地等から除外。ただし、その宅地等の上で事業の用に供されている建物・附属設備・機械等の減価償却資産の価額がその宅地等の相続時の価額の15％以上である場合には、特例適用可。

（注）
・　配偶者が自宅を取得した場合は要件無し。
・　相続税の申告書の提出期限まで引き続きその宅地を所有し、居住や事業を継続している場合に限る。
・　居住や事業を継続しない相続人の共有持分については適用できない。

次に800m²の緑一丁目にある土地ですが、由美さんと義男さんが2分の1ずつ相続されることとなっています。この土地は表通り（20万円）と裏通り（15万円）に面しており、それぞれの路線価が大きく異なりますので、弊社の試算時にお

坪多税理士

いては、表と裏の二つの土地に分けて、由美さんと義男さんがそれぞれ別々に相続されるとしており、裏通りに面している土地は評価が30％も下がります。夫婦二人が使用する土地の財産価値は同じかもしれませんが、建物が立っていない場合、評価は夫婦であっても取得者ごとに行いますので、非常に有利なのです。

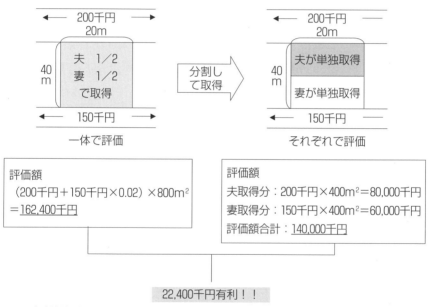

※ 二方路線影響加算率以外の補正率は省略。

由美

へー。分筆して別々に相続するだけでこんなに違うのですね。

反対に緑2丁目の縦に細長い土地ですが、これはお母様と由美さんと義男さんが別々に相続されるようになっていますよね。先ほど言ったように、宅地の評価は取得者ごとに評価しますので、一体の駐車場として利用していても別々に評価します。

坪多税理士

　平成30年1月1日からの相続・贈与から従来の広大地評価が廃止され、「地積規模の大きな宅地の評価」として評価方法が定められています。評価対象地の特性によってその適用可否が変わらないように適用範囲が明確化され、所在地と地域区分等のみで適用の可否が決まります。また、市街地農地等の評価における「宅地であるとした場合の1平方メートル当たりの価額」についても、同様に評価します。

　3筆バラバラに取得するとどの土地も地積規模の大きな宅地に該当しませんが、誰か一人が相続し一体利用すれば地積規模の大きな宅地に該当し、相続税評価額が下がります。

義男

その地積規模の大きな宅地に該当するには、どのような要件が必要とされるのですか。

　適用要件には地積要件と地区要件があり、どちらも共に満たすこととされています。

坪多税理士

　地積要件とは、三大都市圏に所在する宅地の場合は500m^{2}以上とされており、三大都市圏以外の地域に所在する宅地の場合は1,000m^{2}以上とされています。三大都市圏の範囲は、㋑首都圏既成市街地等、㋺近畿圏既成都市区域等、㋩中部圏都市整備区域等に限定されています。

　地区要件とは、「普通住宅地区」・「普通商業・併用住宅地区」に所在する宅地のみとされています。

　但し、市街化調整区域に所在する宅地（但し、開発行為が可能な地域を除く）、都市計画法に規定する工業専用地域に所在する宅地、容積率が

400％（東京都特別区は300％）以上の地域に所在する宅地等又は大規模工場用地等は除外されます。

由美　緑2丁目の土地は首都圏既成市街地に所在しており、地積3筆はそれぞれ500m²に満たないけれど、3筆合わせると約1,500m²となり、普通住宅地区で容積率が200％だから、その地積規模の大きな宅地に該当しますね。だから一人で取得したらと提案してくださっているのですね。該当したら、評価はどれくらい下がるのですか。

補正率の算式と概算表をお渡ししますからご覧ください。

坪多税理士

●規模格差補正率の算式

$$\text{規模格差補正率} = \frac{Ⓐ \times Ⓑ + Ⓒ}{\text{地積規模の大きな宅地の地積Ⓐ}} \times 0.8 \quad \text{※小数点第2位未満切捨て}$$

●三大都市圏に所在する宅地

地積	Ⓑ	Ⓒ
500m²以上 1,000m²未満	0.95	25
1,000m²以上 3,000m²未満	0.90	75
3,000m²以上 5,000m²未満	0.85	225
5,000m²以上	0.80	475

●三大都市圏以外の地域に所在する宅地

地積	Ⓑ	Ⓒ
1,000m²以上 3,000m²未満	0.90	100
3,000m²以上 5,000m²未満	0.85	250
5,000m²以上	0.80	500

　側方加算・二方加算・三方四方加算、奥行価格補正、不整形地補正（補正率は0.6が限度）を考慮後の土地評価額×規模格差補正率とされます。
　三大都市圏に所在する約1,500m²の宅地ですと0.76の補正率になりますね。

由美: 遺産の分け方だけで、こちらもそんなに土地の評価が下がるなんて本当に驚いています。

誰か一人が相続するのではなく、三人で相続して共有するのも一つの方法ですね。いずれにせよ、結果として24％ほど評価が下がりますね。

坪多税理士

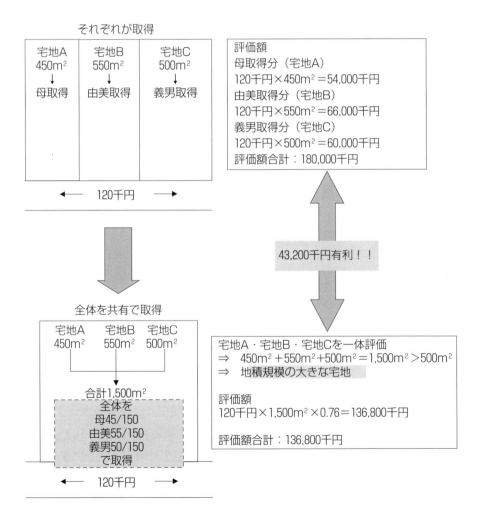

由美

このように別々に取得したら評価額が大きく下がったり、共有で一体利用すれば大きく評価額が下がるケースなどさまざまあるのですね。次から次へ提案される遺産分割の内容に戸惑っています。

農地の分割方法に問題はありますか。

坪多税理士

川村家はこれからも農業を続けていくとお伺いしていますが、誰が農業を続けていかれるのですか。

義男

私と由美です。

坪多税理士

なるほど、それで市街化農地はほとんど生産緑地を選択されているのですね。生産緑地を選択されている農地の場合、農業従事者が相続によりその農地を取得すれば、その農地については相続税の納税猶予制度が適用されて非常に低い相続税評価額となるため、ほとんど相続税がかからないといっても過言ではないでしょう。

由美

父親は生産緑地以外にも市街化農地を持っていたように思いますが、問題はありませんか。

坪多税理士

川村さんの農地は横浜市にあり、三大都市圏の市街化区域農地となっています。よって、生産緑地指定されていない市街化農地は農業を継続しても相続税の納税猶予を受けることができないため、非常に相続税負担の大きい土地になってしまいます。

それらの市街地農地は今回の相続では宅地並みの評価になりますので、

相続税評価額が高いのです。これらの市街化農地はお母様に相続していただいて、農業をするのではなく有効利用することにより二次相続対策に役立てるとよいですね。

由美　ただ、相続税の納税のために売却するかもしれないのですが。

もし3年以内に売却するつもりでしたら、お母様が相続するのはやめましょう。相続した土地を相続税の申告期限から3年以内に売却した場合、その譲渡した土地に係る相続税が土地の取得費に加算できる特例があるからです。川村さんのような大地主さんの場合、土地に対する相続税の割合が非常に高いので、土地に対する譲渡益が非常に安くなります。ただし、お母様は配偶者の税額軽減で相続税を払っていらっしゃらないため、この特例は受けられませんので、売却予定の土地はお母様が相続しないようにしてくださいね。
坪多税理士

義男　分かりました。どの土地を売るかよく考えてから、誰が相続するかを決めます。

あれ…。この分割予定表を見ていると、生産緑地の何筆かを静岡市に嫁がれた妹さんが相続されるようですが、どうしてですか？
坪多税理士

由美　実はその妹は土いじりが好きで、自分の農地を持ちたがっているのです。母親に会いに来るたびに手入れをして野菜を作っていますし、少しは農地を相続したいという希望をかなえてやりたいという母からの申し出なのです。私たちが手

伝ってやれば、農地として維持していくことができると思います。

お二人のお気持ちはよく分かりますが、相続税の納税猶予制度の適用を受けるには、原則として農地所有者自らが耕作することが要件なのです。農業者の証明として農業従事者証明が必要なのですが、横浜市の農地については、静岡県在住の場合、農業従事者の証明が取れないので、相続税の納税猶予は受けられませんよ。

坪多税理士

そうなれば生産緑地という強固な縛りがあるのに、妹さんは宅地並みの相続税を払うことになり、将来もし手放そうと思っても、簡単に売却することはできませんよ。

●相続税の納税猶予適用要件の概要

誰から？	死亡の日まで、農業を営んでいた個人
いつ？	申告期限内に取得
誰が？	申告期限までに農業経営を開始する相続人
何を？	①調整区域農地 ②三大都市圏の特定市の市街化区域にあるもの以外の農地 ③生産緑地、特定生産緑地（都市営農農地等）
どうする？	①期限内申告書の提出　　　　遺言書又は遺産分割協議書が必要 ②担保の提供

由美

では、その農地は私たち夫婦が相続して相続税の納税猶予の適用を受けることができれば、全員の相続税が安くなるのですね。

妹さんに分割する農地は先ほど話題になったその他の市街化農地にすれば、相続税評価額は同じであるにもかかわらず、農地の将来を自由に選択できるのです。

坪多税理士

227

由美

固定資産税が安いからといって、安易に決めてはいけないのですね。私たちが納税猶予を選べば妹たちの相続税も安くなるのだから、よく考えないといけないですね。私たちの農地を手伝えばよいだけですから、妹にもう一度、税金のことをきちんと説明してから決めます。

お二人で農業を続けるとのお話ですが、途中でやめるなどということはありませんか。

坪多税理士

義男

大丈夫だと思います。ただ、これだけ広いと全部は無理で、将来的には少し耕作地を狭めるかもしれません。

●都市計画区域と農地の納税猶予

Ⓐ 市街化調整区域　　20年営農による　改正農地法施行日以後 　　未線引き区域（白　　免除規定あり→廃止（終身営農） 　　地区域） 　　都市計画区域以外 　　　　Ⓑ 市街化区域　20年営農による免除規定あり 　　　　　　Ⓒ 三大都市圏の特定市の市街化区域 　　　　　　　　Ⓓ 都市営農農地等（終身営農）	▨ 農地の納税猶予を受けることのできない区域

坪多税理士

ちょっと待ってください。三大都市圏の納税猶予制度というのは終身営農が要件です。もし、途中で営農しなくなったり、生産緑地の買取申出を行った場合、納税猶予の期限が確定し、相続当初の納税猶予額に利息を付けて払わなければなりませんので、よく考えてから選択してくださいね。

義男

そうですね。目先の相続税にとらわれていてはだめですね。一生農業を続けていく農地について、真剣に考えて判断することにします。
　ところで、母は今更そんなに財産をもらっても使い道がないからいいということで、その分私たちが相続するようにといわれたので、母の取り分は少なくなっているのですが、相続税上、問題はありますか。

坪多税理士

今回の相続税のことだけ考えると、お母様には法定相続分の全財産の2分の1までを相続していただくのが、一番相続税が安くなるポイントです。
　配偶者の場合、法定相続分までもしくは1億6,000万円までなら税額が軽減されて相続税がかからないからです。

◉配偶者の税額軽減額の計算式　　　　　　　　　　　（相基通19の2－7）

$$\text{相続税の総額} \times \frac{\text{課税価格の合計額のうち配偶者の法定相続分相当額（1億6,000万円に満たない場合には1億6,000万円）と配偶者の実際取得額とのうちいずれか少ない方の金額}}{\text{課税価格の合計額}} = \text{配偶者の税額軽減額}$$

(注)　この場合の「配偶者の法定相続分」は、相続の放棄があった場合でも、その放棄はなかったものとした場合における相続分をいいます。

由美

川村家の課税遺産額は8億円くらいありますので、2分の1といえば約4億円ですから、そこまでなら相続しても税金がかからないということですね。
　でも、今度母が亡くなった場合、また相続税がかかるので一緒ではないのでしょうか。

　お母様の生存中に何の対策もしなかったらそうなるかもしれません。ただ、お母様は健康でまだまだ長生きしていただけそうなので、これからいろいろ相続税対策をしていただければ、二次相続に係る相続税はずいぶん安くなると思いますよ。

坪多税理士

由美

たとえばどんな方法ですか？

　シンプルでベストな方法が、ご家族に低い税率の贈与を続けていくことです。たとえば、500万円ずつ子供や孫に毎年贈与すると48万5,000円の贈与税で済みます。500万円×5人×10年＝2億5,000万円の財産が家族に移転し、贈与税の合計額は48万5,000円×5人×10年＝2,425万円となり、負担税率が9.7％と相続税に比較すると大きな節税になります。
　また、思い切って相続された市街化農地を造成し、借入金等によりその土地にあった有効活用をして賃貸経営をすれば、もっと大きく相続税が減少することもあります。ただし、借入をするときは事業の収支を十分検討して、借入金が返せないなどの苦労を背負うことの無いよう注意してください。

坪多税理士

第4章　事例でわかる民法改正（対話式解説）

●贈与額別に見た贈与税額

年間の贈与金額 （基礎控除前）	一般贈与		特例贈与	
	贈与税額	平均税率（％）	贈与税額	平均税率（％）
100万円	0万円	0	0万円	0
150万円	4.0万円	2.6	4.0万円	2.6
200万円	9.0万円	4.5	9.0万円	4.5
250万円	14.0万円	5.6	14.0万円	5.6
300万円	19.0万円	6.3	19.0万円	6.3
400万円	33.5万円	8.3	33.5万円	8.3
500万円	53.0万円	10.6	48.5万円	9.7
600万円	82.0万円	13.6	68.0万円	11.3
700万円	112.0万円	16.0	88.0万円	12.5
800万円	151.0万円	18.8	117.0万円	14.6
900万円	191.0万円	21.2	147.0万円	16.3
1,000万円	231.0万円	23.1	177.0万円	17.7
2,000万円	695.0万円	34.7	585.5万円	29.2
3,000万円	1,195.0万円	39.8	1,035.5万円	34.5
5,000万円	2,289.5万円	45.7	2,049.5万円	40.9
1億円	5,039.5万円	50.3	4,799.5万円	47.9

由美

相続税を考慮した遺産分割について、いろいろ教えていただき本当にありがとうございました。目からうろこが落ちたような気がします。
　　　江口先生、もう一度遺産分割についてよく考えますので、相談に乗っていただけませんか。

喜んでお受けします。
　私も多数の相続に関する事件を手がけてくると、今まで見えていなかったものが見えてくるようになりました。相続というと、遺産分割だ、相続税だ、と言われますが、一番重要

江口弁護士

なことは、相続人同士での精神的な負担が余りかからず、相続してよかったと思ってもらえるような相続を実現することだと思います。その意味では、相続人が円満に着地できる相続を目指すということは何よりも大切なことだと思います。

　ただ、相続人の負担という面からすると、無視できないのは相続税の問題ですね。遺産の分け方によって、相続税額が異なることは厳然たる事実なのですから、可能な限り、相続税が高額にならないような配慮と工夫をすることは遺産分割には必要不可欠だと思います。ただ、税金はあまりにも複雑で、ケースごとに違っているので遺産分割をどうするかを考えるときには、なかなか税金を考慮して判断することはできないかもしれませんね。

　川村さん、二人で悩むのはやめて、私と江口先生がタッグを組んでどうすれば良いか考え、法律と税金の両面をクリアーした遺産分割ができるよう努力しますので、ご安心ください。

坪多税理士

由美

相続人間での争いは多分起こらないと思いますので、相続税が最も安くなる遺産分割を考えることにします。先生方、よろしくお願い申し上げます。

第4章 事例でわかる民法改正（対話式解説）

事例6 債権法改正による新たに注意すべきポイント

　私（京都花子）は不動産を多数所有しており、倉庫やアパートを賃貸しています。債権法の改正で賃貸契約を見直さなくては大変になると聞いたのですが、賃貸借契約見直しのポイントを教えてください。

家主
京都花子

　民法が改正されたことにより、賃貸経営の実務に大きな影響が出ると聞いています。賃貸経営に関連するものとして、主にどこが変わるのでしょうか。改正された債権法が実施された後、私のような賃貸アパートの経営をしている者にとっては、何に注意すればよいのか不安です。改正のポイントはどのような点なのでしょうか。

　改正民法は令和2年4月1日から施行されることが決まっています。それまでは、改正前民法が適用されます。今回の民法改正がオーナー様の賃貸経営に大きな影響を与えるものとしては、主に5つの改正事項を頭に入れておかれるとよいのではないかと思います。

江口弁護士

改正民法の賃貸借に関する概要
- ①個人の連帯保証契約に関する改正
- ②賃借人の賃貸目的物に対する修繕権の明文化
- ③敷金の定義と返還時期に関するルールの明確化
- ④賃借物の一部滅失等の場合の賃料の当然減額
- ⑤原状回復義務に通常損耗は含まないことの明文化

233

家主
京都花子

1つ目の個人の連帯保証に関する改正ですが、これはアパートの賃貸借契約の保証人に関係することなのですか。

　そのとおりです。改正民法は、アパートやマンション、あるいは貸ビル等の賃貸借契約の保証人が個人である場合には、保証契約締結の際に、極度額を書面又は電磁的な方法で合意しておかないと保証契約が無効になるという新しいルールが導入されました。

江口弁護士

家主
京都花子

極度額って何のことですか。

　極度額とは、分かりやすくいえば、保証人の責任限度額のことです。保証人の責任の上限を決めるものといってもよいでしょう。従来は、アパート等の賃貸借契約を締結する際に、保証人との間で保証人の責任限度額である「極度額」を決めることはしていなかったと思います。しかし、令和2年4月1日からは、保証人が個人である場合には、極度額を保証契約書に記載するか、あるいは電磁的な方法で極度額を合意しない限り、保証人から、保証契約は無効ですと言われるリスクが発生します。

江口弁護士

家主
京都花子

新しい民法は令和2年4月1日から実施されると聞きましたが、令和2年4月1日以降に保証契約を締結するときは極度額を書面で合意しなければならなくなるのですね。改正民法が実施されるより前に賃貸借契約を済ませたものは、極度額なんか契約書には書いてありません。改正前から締結済の保証契約であっても、令和2年4月1日を迎えると、極度額が書面に書いていないからといって保証契約が無効になってしまうのでしょうか。

その点は、少し複雑で難しい事柄ですので、少し詳しく説明しておくことにします。改正民法の附則にルールがきちんと定められており、極度額の規定は、改正民法が施行された以降に新規に契約したものに適用されるのが原則とされています。したがって、既存の契約は改正民法が施行された令和2年4月1日を経過しても、相変わらず改正前民法が適用されるのが原則となりますので安心してください。

江口弁護士

また、保証契約は民法改正前の時点で契約されていても、改正民法施行後に保証契約が更新された場合、更新後の保証契約には改正民法が適用されて極度額が必要になるのかについては、令和2年4月1日以降に賃貸借契約が自動更新条項により更新され、保証人の責任も継続するという場合には、当該保証契約には改正民法が適用されませんので、極度額を合意することは不要です。

令和2年4月1日以降に賃貸借契約だけではなく保証契約も更新手続を取り、保証契約の更新契約書に保証人が押印したというケースは見解が分かれています。その場合でも改正民法は適用されないから極度額の定めは不要であるとする見解と、保証契約それ自体を更新した場合には、更新後の保証契約には改正民法が適用され、極度額の定めがなければ保証契約は無効になるとする見解があります。後者が法務省の見解と思われます。したがって、リスク回避を図るなら、令和2年4月1日以降に保証人との保証契約の更新契約書は取り交わさず、賃貸借の自動更新条項に任せておいたほうが無難であると考えられます。令和2年4月1日以降に保証人との保証契約の更新契約書を締結する場合は、念のため、極度額を書面で合意したほうがリスク回避の観点からは望ましいと思います。

家主
京都花子

2番目の賃借人の修繕権とはどういうことですか。賃貸アパートは家主である私の所有物です。私の所有物を、所有者でもない賃借人が修繕する権利があるということですか。

賃借人は当然に修繕権を持つわけではありません。賃貸アパート等が客観的に修繕の必要な状態にあるという場合に、賃借人から、修繕をしてほしいと通知がされた後に、相当期間を経過しても賃貸人が修繕をしなかったという場合に、初めて賃借人が修繕権を認められるという構成になっています。

江口弁護士

もう一つは、例えば台風で天井が飛んでしまって雨風にさらされるなどの緊急の必要がある場合も賃借人に修繕権が認められます。注意しておくべきことは、賃借人が修繕権を行使して修繕した費用は最終的には賃貸人の負担になるという点です。

家主
京都花子

賃借人が修繕権なるものを行使して修繕した費用については、税務上はどう扱われるのですか。

賃借人が修繕権を行使して修繕したとしても、その費用を結局家主さんが負担することになるなら、家主さんの修繕費となります。

坪多税理士

修繕費は不動産所得の計算上必要経費となりますが、税務上の修繕費は一般的に修繕費といわれているものとは異なり、固定資産の通常の維持管理のため又は固定資産の機能等が低下した箇所を元の状態に修復するための費用をいいます。

例えば、比較的大規模な修繕を行ったときに、修繕費であると認識していても税務上は「修繕によりその建物の価値が増加した」あるいは「使用可能期間が延びた部分がある」とされた場合、価値増加部分あるいは使用期間延長部分は、修繕費として必要経費に算入するのではなく、「資本的支出」として固定資産に計上し、減価償却費の対象とすることになっています。

実務上は、明らかに修繕費あるいは資本的支出といえるものは別にして、修繕費か資本的支出になるかは明確に判断ができるものではありません。そこで、通達により次の表のような形式的な修繕費の判断基準が設け

第4章　事例でわかる民法改正（対話式解説）

●修繕費の判断基準

少額又は 周期の短い費用	次のいずれかに該当する場合は、全額修繕費になります。 ①　一の修理、改良のために要した金額が20万円未満であること ②　その修理、改良がおおむね3年以内の周期で行なわれるものであること。
形式基準による 修繕費の判定	一の修理、改良のための費用が修繕費か、資本的支出かが明らかでない場合で、次のいずれかの基準を満たせば修繕費としての処理が認められます。 ①　その金額が60万円に満たない場合 ②　その金額が、その修理改良に係る固定資産の前年12月31日における取得価額のおおむね10％相当額以下である場合。
修繕費と資本的 支出の区分の特例	一の修理、改良に要した金額のうち、修繕費か資本的支出かが不明の金額がある場合、継続適用を条件に、次の処理が認められます。 支出した金額×30％ → どちらか少ない金額が修繕費となる 前年12月31日における取得価額×10％ → 支出金額－修繕費＝資本的支出

られています。

　しかし、修繕費にならないで、減価償却の対象となるからといって不利になるわけではありません。次の世代に減価償却費を残すと思えば、結果として相続税対策になるともいえるでしょう。

家主
京都花子

　なるほど、よく分かりました。3番目の敷金については、何か変わるのでしょうか。

　敷金については、マスコミなどで初めて敷金の定義がなされ、敷金の返還時期が定められたと報道されていますが、改正民法は、これまでの判例実務の内容を明文化しただけのことですから、実務上は格別の変更があるわけではありませ

江口弁護士

ん。

家主
京都花子

なんだ、少し安心しました。敷金というとお金に関することなので、また何か家主に不利な改正がなされたのかと心配していたのですが、これまでの実務と変わらないのですね。
　それでは4番目の賃借物の一部滅失の場合に賃料が当然に減額されるとありますが、賃料が当然に減額というのは、どういう意味なのですか。

　例えば、賃貸アパートの家賃が月10万円とします。ところが貸室が地震や近所の火事の類焼で全部が消失したわけではなく、ちょうど半分が滅失し残りの半分はそのまま残って賃貸も可能であるとします。改正前の民法では、その後の家賃
江口弁護士
は原則として月10万円ですが、賃借人が減額請求をしてきた場合には滅失した割合に応じて賃料を減額することとされていました。改正民法は、これを当然減額に変更したのですが、一部が滅失した場合には、賃借人からの減額請求を待たずに、当然に賃料が減額されることになりました。ということは、改正民法では賃料は一部滅失した部分については発生しないということになります。

家主
京都花子

まぁ、一部滅失ということは、その部分は使えないわけだから、当然減額でも減額請求でも、どちらでもいいような気がしますが。

　ただ、改正民法で議論されたのは、一部滅失の場合だけではなく、賃貸建物は全部存在しているのに、一部が使用収益不能となった場合にも、その部分の割合に応じて賃料が当然減額（不発生）という規定が新たに設けられたことです。一
江口弁護士
部が使用収益不能というのは、どのような場合を指すのか必ずしも明確ではないのですが、例えば、アパートでユニットバスが破損して入居者が風呂に入れなくなったというのは賃貸物件の一部使用収益不能に該当するの

か、猛暑日に作り付けのエアコンが故障して貸室が蒸し風呂状態になり、とても部屋で過ごすことができなくなったという場合は一部使用収益不能というのか、という点が問題になると思われますね。

しかも、その場合に家賃がいくら当然減額になるのかという点については、立場によって見解も異なるでしょうしトラブルの種になりかねません。このため、改正民法施行後の賃貸借契約において、賃借物の一部使用収益不能であるとして発生が想定される事項については、賃料をいくら減額するかをあらかじめ合意しておく必要があると考えられます。

家主
京都花子

結構、難しい問題が起きるのですね。賃貸アパートの一部が使用収益不能ということで賃料が当然減額とされた場合、賃料についての所得税の申告はどのようにすればよいのですか。

不動産所得の収入金額を確定するうえで重要なのは、その収入金額の計上時期です。不動産所得の総収入金額には、通常の地代、家賃・共益費のほか、権利金・名義書換料・更新料・礼金など不動産の貸付けに伴い生ずる収入が含まれ、その収入の計上時期は賃貸契約で定められた支払日が原則です。

坪多税理士

したがって、毎月、翌月分の賃料を受け取ることになっている場合でも、不動産所得の計算上、原則として契約で定められた当月末が収入計上時期なので、たとえ12月末に1月分が未収であっても収入としなければならないのです。また、1年分の地代等を一括して受け取るような契約をしている場合、契約に基づき受け取るべき日に1年分の地代を収入計上しなければならないのです。

不動産の賃貸の際に受け取る敷金や保証金などは、原則として契約が終了したときに借主に返還しなければなりませんので、その返還すべき金額は収入金額とされません。しかし、敷金などの一部について返還を要しない部分がある場合には、その金額を返還不要が確定した年に収入金額に算入することになります。経過年数などにより返還を要しない金額が変動する場合には、契約に基づいてチェックし、確定した年に収入計上するのを

忘れないようにしなければなりません。

　よって、賃貸アパートの一部が使用収益不能ということで賃料が当然減額とされた場合には、契約上収入とはなりませんので、既に受け取っていても返還すべき金額は収入として計上する必要がありませんので、所得税はかかりません。

家主
京都花子

なるほど、そのように申告すればよいのですね。
　5番目の原状回復に通常損耗が含まれないというのは、何を意味しているのですか。これまでの敷金精算とは、やり方が変わることになるのでしょうか。

　原状回復とは、賃貸借が終了した後、建物に損耗がどれだけ発生したかを家主さんや管理会社が調査して、建物を元の状態に戻すことをいうのですが、原状回復は賃借人の義務ですから、実務上は、敷金から原状回復費用を差し引いた残額
江口弁護士

を賃借人に返還しています。この敷金から差し引く金額について、これまでは畳表を張り替える費用や壁クロス・クッションフロア・ハウスクリーニング費用を差し引いて返還する例も少なくなかったと聞いています。

　改正前民法には原状回復の定義規定がなく、原状回復費用に何が含まれるかは改正前民法では条文上は明確ではありませんでした。改正民法は、賃借人の原状回復義務には、賃借人が契約で定められた用法に従って使用収益した結果生じる損耗、これを「通常損耗」というのですが、通常損耗については、賃借人は原状回復義務がない、ということが明文化されました。

家主
京都花子

そうすると、改正民法のもとでは、畳表の張替費用や壁クロス・クッションフロアの張替費用とか、ハウスクリーニング費用を差し引いて敷金を返還することは認められないということですか。私のところは、それらの費用は賃借人に負担

してもらって、敷金から差し引くことを前提に家賃を決めていたのですが、かといって、今更家賃を値上げするというわけにもいきません。どうしたらよいのでしょうか。

確かに、現行の家賃を決めた際には、通常損耗を賃借人に負担してもらうことを前提にしていたという事情がある場合は、困ってしまいますね。まず、覚えておいていただきたい
江口弁護士

ことが3つあります。1つは、賃貸借契約で、賃借人は、貸室を原状に復して明け渡す義務がある、と規定した場合は、民法の規定に従い、賃借人は通常損耗については原状回復義務を法的に負わなくなるという点です。これは、家主さんが、通常損耗を賃借人に負担してもらうことを前提にして家賃を決めていると説明しても、賃借人に理解してもらうことは困難だと思います。2つ目は、この民法の原状回復に関する規定は絶対的な規定ではなく、民法の規定とは異なって通常損耗を賃借人の負担とする旨の特約は原則として有効と解されることです。つまり、賃貸借契約に、賃借人は貸室を原状に復して明け渡す義務があると規定すると、通常損耗についての原状回復費用を賃借人には請求できませんが、通常損耗を賃借人負担とする特約があれば、その特約は有効と解されるということです。ただし、3つ目の点なのですが、通常損耗を賃借人負担とする特約は、ただ単に「通常損耗は賃借人の負担とする。」というような、包括的な定めをすると、裁判所はその定めは無効と解していることです。最高裁判所は、通常損耗を賃借人が負担する条項は、賃借人が負担する通常損耗の内容を契約書に具体的に明記することが必要であるとしていることに注意してください。

家主
京都花子

新しい民法では、そのような契約書の書き方がポイントになってくるということですね。これから賃貸借契約書を見直したいと思います。民法の規定と異なる契約書を作成して、通常損耗を賃借人負担とした場合に、税務上、何か留意することはあるのでしょうか。

税法では契約どおりの履行の場合や、修繕費を賃借人が負担した場合には、当然にその費用は経費にはなりません。ただ、契約終了に伴い家屋の価値が増加しているにもかかわらず、無償で返還を受けた場合にはその経済的利益に対し課税
坪多税理士

されることもあります。原状復帰した上での返還の場合には、経済的利益がありませんので課税関係は生じません。手を加えた場合、必ず原状復帰して返還するという条項を入れておけば、税金上は安心ですね。

家主
京都花子

分かりました。改正民法に対応するには、法務と税務の両方から考えていく必要があるのですね。これからの賃貸経営はプロであるという心構えが要求されるようです。信頼できる不動産管理会社に全面委託するかも考慮して、今後のことを考えていきたいと思います。

第4章　事例でわかる民法改正（対話式解説）

事例7　修繕や保証人の取扱いには要注意

　私（大阪健太）は多数の賃貸物件を所有していますが、債権法の改正で修繕や保証人への連絡など、いろいろな問題があると聞いています。債権法の改正点や税金を考えれば、どのような点に気をつければよいのでしょうか。

家主
大阪健太

　民法の債権法が今回大幅に改正されたとは聞いているのですが、実際に、私たちのような賃貸経営をしている家主にとって、どれほどの影響があるのかがよく分かりません。実質的な影響はさほどでもないのか、それとも、今後賃貸借契約書を書き改めなければならないほど重大な改正が行われたのか、そういった点からお伺いしたいのですが。

江口弁護士

　今回の民法（債権法）の改正は、明治29年に民法典が制定されてから、約120年ぶりに抜本的な改正が行われたものです。5編からなる民法典のうち、第1編の総則の一部の規定の見直しと、第3編の債権編は全面的に大幅な見直しが行われました。

　第3編の債権編は、債権に関する基本的なルールを定めた規定のほかに、売買、賃貸借、委任、請負契約といった13種類の契約類型についての規律が定められている部分です。従って、今回の民法（債権法）の改正では、賃貸借契約に関するルールについても、重大な変更がなされています。改正民法は令和2年4月1日から施行されますので、賃貸オーナーの皆様は、それに備えて、賃貸借に関するどのようなルールが新しく制定されたのか、それに対してどのように対応すべきかを検討し、準備しておく必要があります。

243

家主

なるほど、賃貸借契約についてもルールが変更になるということなのですね。具体的に、賃貸借契約についてはどのような点が大きく変わるのでしょうか。

いくつか重要な変更点があります。まずは、賃貸アパート等の修繕に関する改正についてご説明します。修繕については、老朽家屋の場合には家賃もそれほど高額にはできませんし、安い家賃なのだから、せめて修繕くらいは入居者の方で
江口弁護士

やってもらいたいと考えるのはもっともな面もあります。そこで、入居者に修繕をしてもらった場合に、何か問題があるのかということですが、まず考えておくべきことは、法律上は誰が賃貸家屋の修繕義務を負っているのかということなのです。

もし、貸主に賃貸家屋の修繕義務が法律上あるとすると、入居者に修繕してもらった場合には、後日に、入居者から貸主に対して、「修繕を貸主に代わって行ったので、立て替えた修繕費を支払ってほしい」という請求がくることになります。修繕義務が誰にあるのかは非常に重要な問題なのです。

家主

そうはいっても修繕義務が誰にあるのかなんてことは、考えたことありません。
どんなふうに法律では決まっているのでしょうか。

民法に定める修繕義務

民法では、賃貸家屋の修繕義務は貸主にあると定めています。これは、家賃を徴収して建物を貸している以上は、建物を使用収益するのに適する状態にして賃貸するのが当たり前であるという考え方に基づいています。この点については、改正前民法も改正民法も同じです。
江口弁護士

まず、賃貸家屋の修繕義務は家主にあるという原則を覚えておきましょう。したがって、貸家の家賃は、修繕義務が家主にあることを念頭におい

第4章　事例でわかる民法改正（対話式解説）

て決めることが本来は必要なのです。

家主

そうなんですか。こんなに安い家賃なのに、私に修繕義務があるのですか。少しがっかりしました。でも、友人の家主は入居者に修繕してもらっていましたよ。どうしてなんでしょうか。

契約による修繕義務の扱い

　実際の家賃は近隣相場で決まってしまいますから、修繕義務を念頭に置いて家賃を決めるなどということは実際には行われていないほうが多いかもしれません。

江口弁護士

　特に、家賃が安い物件では、せめて修繕費用くらいは入居者が負担してほしいというケースも少なくありません。そのような場合に、修繕義務を入居者が負担するということは禁止されているのかといえば、そんなことはありません。修繕義務に関する民法の原則は変えられないものではなく、賃貸借契約で「本物件は家賃が安く設定してあるので、修繕義務は貸主ではなく入居者が負担する」ということを定めれば、貸主は修繕義務を負わなくてもよいのです。要は、家賃との兼ね合いなのです。

　ただし、家賃との兼ね合いだといっても、家賃が安ければ貸主には修繕義務がないということではありません。あくまでも、賃貸借契約において、修繕義務を貸主は負わず、入居者が修繕義務を負うことの約束が成立した場合にのみ、その約束に従うということに過ぎませんので注意してください。

　したがって、修繕を入居者にやってもらうことができるかを判断するためには、まず賃貸借契約書を読み返してみることが大切です。

　法律的には、修繕は原則として貸主の負担ですが、賃貸借契約書に入居者が負担すると書いてあれば貸主は修繕義務を負わないということなのです。実際に修繕を行うか否かは、こうした法律上の検討と、税務上の処理を考慮して、どちらが得かを判断して行うことになります。

賃借人の修繕権の明文化

　さらに、今回の民法改正で注目すべきことは、賃借人の修繕権が明文化されたということです。賃貸アパート等が修繕が必要な状態となった場合に、賃借人が賃貸人に対し、修繕を要求し、相当期間内に賃貸人が修繕をしなかった場合に
は、賃借人が自らアパートの必要な修繕を行うことができる旨が改正民法で明文化されました。

　ちょっと待ってください。賃借人がアパートの修繕を行うと言われましたが、アパートはオーナーである私の所有物です。修繕するもしないも、それは所有者である私の意思により決まることで、アパートの所有権も持っていない賃借人が、私の意思に反してアパートを修繕できるなんてあり得ないでしょう。そんなことが本当に民法で定められたのですか。

　まぁ、落ち着いてください。これは無条件に認められたものではなく、一定の条件の下で初めて認められるものです。まず、客観的に修繕が必要であるという状態が存在していることが条件です。ただ単に、賃借人から修繕してほしいと要
求されて相当期間を経過したら、賃借人が修繕権を行使できるとは限りません。賃借人の修繕要求が正当ではない場合もあり得ます。あくまでも、客観的に賃貸建物の修繕が必要であると判断される状況にあることが前提となります。また、客観的に賃貸建物の修繕が必要であると判断される状況にある場合でも、賃借人はいきなり勝手に修繕権を行使できるわけではありません。

　まず、賃貸人に対し、修繕を求め、あるいは賃貸人が修繕が必要であることを知っているにもかかわらず相当期間内に修繕をしなかった場合に、初めて修繕権を行使できることになります。

家主　なるほど、家主としても、修繕が必要となった状態を放置すれば建物が傷んできて、結局損をするのは家主ですから、これはこれでありかもしれないですね。私たちオーナーは、賃貸中の建物の貸室内の状況を普段は見ることができませんので、賃借人から修繕要求をしてもらわないと、修繕が必要かどうかも分かりませんからね。

そのとおりです。ただ、ここで問題となるのは、賃借人が修繕権を行使した場合の修繕費用なのですが、最終的には賃貸人の方が負担することになるという点です。その理由は、賃貸アパート等の修繕義務は賃貸人が負っているからです。本来、賃貸人が修繕義務を負っているところを、賃借人が代わって修繕をしたのだから、その費用は最終的にはオーナーが負担するということになります。

江口弁護士

家主　なるほど、理屈はそうかもしれませんが、そうすると少し困った問題が起きないでしょうか。修繕にも色々とグレードがあると思うのですが、最低限の修繕ではなく、かなりハイグレードの修繕をされてしまった場合とか、あるいは、賃借人が行ったのは修繕の範囲を超えて、改良、改善行為であったという場合もあり得ると思います。そのような場合には結局、修繕権を行使した費用を支払え、支払わない、というトラブルを生じることが危惧されますが、いかがでしょうか。

たしかに、そうした紛争が生ずることもあり得るかもしれません。そのような場合に備えて、賃借人が濫用的な修繕をすることがないように、賃貸借契約書を工夫しておくことも必要かもしれませんね。

江口弁護士

それは私たち家主が考えなければならないことですね。賃借人と揉め事を起こすことは本意ではありません。できれば、良好な関係を築きたいと思っていますので、修繕についてのトラブルが生じることは避けたいところです。

そうですね。例えば、賃貸借契約書において、賃借人が修繕権を行使する場合には、修繕の範囲は従前の貸室の状態に回復する範囲に限られることを確認的に規定しておくことや、これから行おうとする修繕の見積書を事前に賃貸人に対
して提示することを義務付け、賃貸人が事前に修繕内容を確認できるようにしておくこと等が考えられます。

法律上のことは理解できましたので、早速契約書の内容を検討するようにしたいと思います。ただ、修繕することにより、税務上はどのように処理されるのかがよく分かりません。やはり、一番心配なのは相続税ですので、老朽貸家の相続税法上の問題点を教えてください。

老朽家屋についても固定資産税評価額で評価される

家屋の相続税評価額は第2章で説明したように固定資産税評価額となっており、貸家はさらに借家権を控除できます。ただし、老朽化しても家屋の固定資産税評価額は3年ごとの評価替えの年に、再建築価額に基づき減価償却して評価し直
されることになっていますので、毎年評価が下がり続けるものではありません。近い将来、取り壊さなくてはならないような老朽家屋についても、再建築価額から考慮して評価額が付されるため、思った以上に高い固定資産税評価額となっていることが多いようです。

修理してくれと迫られている老朽貸家にもそんな高い評価がつくなんて心外です。家主としては修理して、また評価額が上がって税金負担が増えるなら、修繕は堪忍してもらいた

いというのが本音です。修繕したら相続税評価額はどうなるのでしょうか。

修繕は相続税評価額を上昇させない

　老朽家屋はあちこちの設備に問題が生じ、つぎつぎ修繕を行う必要が出てきます。江口弁護士のお話にあったように、原則は家主さんに修繕義務があります。契約により入居者に負担してもらうこともできるようですが、家主さんが修繕を

坪多税理士

きちんと行うことは、税法上家主さんにとって不利にはなりません。というのは、原状復帰のための修繕をしたからといっても資産価値が上がるわけではないとして、修繕の有無は家屋の固定資産税評価額に考慮されないため、税金負担増の心配をする必要がないのです。

　さらに、その貸家の敷地の相続税評価ですが、貸家がしっかり修繕されて世間相場の家賃をもらっている場合と、修繕がほとんどされておらず世間相場の家賃をもらうことができない場合を比較しても、貸家の評価と同一で、宅地の相続税評価額は路線価を基準としていますのでどちらも同一となり、修繕したからといって相続税の負担が増えることはありません。ご安心ください。

家主

　　確認したところ、私の場合、法律上も契約上も家主に修繕義務があるようです。
　　修繕したからといって相続税も固定資産税も税金負担が増加しないようですので、思い切って修繕は私自身で行おうと思います。その代わりに、家賃は少し値上げするつもりです。後継者である娘は、喜んでくれるでしょうか。

適正家賃をきちんと貰える関係が最高の相続税対策

　契約や話し合いにより、家賃を少し値下げする代わりに借家人に自分で修繕費を負担してもらう家主さんがいます。また、大阪さんのように、きちんと修繕する代わりに家賃の値下げには応じず、反対に少額の値上げを交渉する家主さんも

坪多税理士

249

います。修繕をどちらが行っても固定資産税評価額は据え置かれたままですので、どちらも家主さんの相続税評価額は同一ですが、後継者にとっては相続後の家賃が異なります。

老朽家屋の大修繕が終わってこれからは修繕費があまりかからない建物を相続する場合には、家主さんが修繕費を負担したため、預金という相続財産が減少していますが、家屋と宅地の評価は上がりませんので相続税が減少します。したがって、近い将来に必要不可欠な多額の支出となる大修繕を生前に家主さんが行っておくことは、後継者にとっては非常にありがたい側面もあります。

修繕がほとんどされておらず相続後に多額の資金負担が想定できる老朽家屋を相続する場合には、後継者は相続後、多額の修理費を負担しなければならないにもかかわらず、老朽貸家の評価額は修繕された貸家の評価額と同一なので同額の相続税を負担しなければならないのです。

後継者にとっては、相続後の家賃収入こそが家を守っていくための大きな支えです。家主として不可欠な修繕を行い貸家の財産価値を守るとともに、これからの適正家賃を確保できる賃借人との関係を確保しておいてくれることが、結果として最高の相続税対策といえるでしょう。

家主

私の場合には修繕義務について、契約で特別に取り決めているわけではないので、家主が修繕するしかないと思います。いろいろ聞いていると、修繕して少しでも家賃を上げてもらう方法が税務上は一番よいのだなと思いました。きちんと修繕をして、借家人ときっちり話合いをして家賃の値上げ交渉をしたいと思います。

修繕以外では、どのような点が変更されたのでしょうか。

個人が連帯保証人となる場合の極度額規制の導入

次に、賃貸オーナーの方に影響のある改正項目としては、賃貸借の保証人に関する改正が挙げられます。これまでは、保証人が思わぬ高額の保証債務を負わされることも少なくな

江口弁護士

第4章　事例でわかる民法改正（対話式解説）

かったため、改正民法では経済的な破綻や生活の崩壊等が生じかねないことを考慮して、保証人が想定外の過大な保証債務を負うことのないように保証人の責任範囲を明確にし、保証人を保護する制度の導入が図られることとなりました。

その一つとして、アパートやマンション等の賃貸借契約の保証人が個人である場合には、保証人が自己の保証債務の上限額を認識した上で保証契約を締結することができるように、『極度額』（保証の上限金額）を書面又は電磁的方法によって合意しなければ、保証契約を無効とするとの規制が新たに設けられました。

| 改正民法施行後の個人保証契約 | | 極度額を連帯保証契約等の書面又は電磁的方法で定めない限り、連帯保証契約は無効 |

したがって、新しい民法の下では、賃貸借契約の連帯保証契約を個人と締結する場合には、極度額を必ず書面又は電磁的方法で定めなければならないことになります。

家主

極度額は保証の上限金額とのことですが、具体的にいうと、何の上限金額ということになるのですか。

極度額の対象は具体的にいうと、まず、①賃借人が賃貸人に対して負担する債務（これを「主たる債務」といいます。）がこれに該当します。主たる債務には、未払賃料、未払原状回復費用、賃借人が貸室内で火災を発生させた場合の賃貸人に対する損害賠償額や賃借人が貸室内で自殺した場合の賃貸人に対する損害賠償額等が含まれます。

江口弁護士

これ以外に、②主たる債務に関する利息、③主たる債務に関する違約金、④主たる債務に関する損害賠償、⑤その他その債務に従たる全てのもの、⑥その保証債務について約定された違約金又は損害賠償の額の全てに

251

ついての上限額ということになります。

　要するに極度額を定めると、賃貸人は、賃借人の義務違反等により多額の損害を被ったとしても、あらかじめ契約書等において定めていた極度額以上は保証人に請求することができなくなることを意味します。

家主

分かりました。そうだとすると、坪多先生にお尋ねしたいのですが、極度額を合意しなければ家主に生じた損害の全額を保証人に請求できるのに、極度額を合意すると、本来、保証人に請求できたはずの額を請求できなくなるという合意をしたことになるのではないかと思います。この場合に、税務上の取扱いはどうなるのでしょうか。

　家主が保証人から未収家賃等の賃借人の債務の返還を受けたとしても、本来の収入はもう収益に計上していますので、課税されることはありません。ただ、保証額に限度額が設けられて貸倒損失部分が発生した場合、事業的規模かそれ以外

坪多税理士

かによって取扱いが異なります。事業的規模の場合には、回収不能が発生した年分の必要経費に算入できます。業務的規模の場合には、回収不能部分は必要経費にならず、収入がなかったものとして取り扱われますので、当年分以外は更正の請求で税金を取り戻すことになります。

　参考までに、保証人と賃貸人の税金関係を説明します。保証人が家主の請求に基づき保証を求められ、支払義務が確定した場合、保証人が弁済した保証債務の金額については、賃借人に対し求償権が発生します。したがって、賃借人が求償債務を免れるものではありませんので、原則課税関係は生じません。

　その後、賃借人が返済できるにもかかわらず保証人が求償権を行使せず、返済を求めなかった場合には、贈与税がかかることになりますので注意が必要です。

第4章　事例でわかる民法改正（対話式解説）

家主

よく分かりました。ところで、今ご説明いただいたルールは改正民法が施行される令和2年4月1日以降、私が賃借人と新たに賃貸借契約を交わす時から適用されると考えてよろしいのでしょうか。それとも、私が令和2年4月1日よりも前に既に契約している賃貸借契約についても、令和2年4月1日以降は、やはり極度額を定めておかないと保証契約が無効になってしまうのですか。

この点は民法の附則に定められています。今回の改正民法は、原則として、改正民法が施行される令和2年4月1日以降に新規に契約したものから適用されますので、ご相談者が令和2年4月1日よりも前に既に契約しておられる賃貸借については原則として適用されないこととされています。

江口弁護士

家主

ということは、私が令和2年4月1日よりも前に契約している既存の建物賃貸借契約については、改正民法が施行される令和2年4月1日を過ぎたからといって、その日から、極度額に関するルールが既存の賃貸借にまで当然に適用されるということにはならないのですね。

そのとおりです。ただ、問題は、改正民法が施行される令和2年4月1日以降に個人の連帯保証契約が更新されるケースです。更新後の連帯保証契約は、極度額を定める必要のなかった既存の建物賃貸借契約及び連帯保証契約と同一性をもって更新することになります。よって、改正民法が施行される令和2年4月1日以降に保証契約を更新したとしても、従前どおり、極度額の書面等による合意をする必要がないのか、それとも、改正民法施行後に契約を更新するということは、更新後の契約は新規契約とみなされて、改正民法が適用され、更新の際には極度額を書面で合意する必要があるのかという点は大きな問題です。

江口弁護士

253

家主 その点は、我々不動産オーナーにとっては重要な問題ですが、改正民法にはどちらになるかは示されていないのですか。

改正民法附則第21条1項によると、保証債務に関する経過措置として、「施行日前に締結された保証契約に係る保証債務については、なお従前の例による。」と定められています。したがって、現在締結済の不動産の賃貸借契約の連帯保証契約は、改正民法施行後も「従前の例による」とされているため、極度額を定めていなくとも連帯保証契約は有効と解されます。

これに対し、改正民法施行後に新たに締結する連帯保証契約には、必ず極度額を書面又は電磁的方法により合意することが必要になります。

問題となるのは、改正民法が施行される前からの連帯保証契約で、改正民法施行後に連帯保証契約を更新する場合ですが、これについては、解釈が分かれているようです。法務省の見解は、改正民法施行後に保証契約を更新した場合には、更新後の保証契約は、改正民法施行後に新たに保証契約を締結したものとして改正民法が適用されるとの見解のようです。つまり、法務省の見解によれば、令和2年4月1日以降に、更新契約を締結した保証契約は極度額の定めがなければ無効になるということになります。

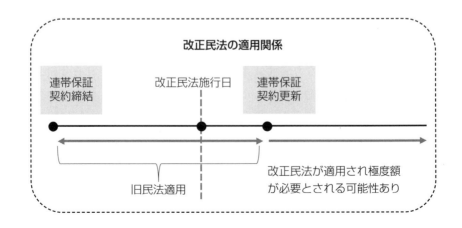

家主

なるほど……。ですが、私たち不動産オーナーは、保証人との連帯保証契約について更新契約を締結することはほとんどありません。大部分は、賃貸借契約書に、賃貸借契約が自動更新すると書かれていますので、何も契約締結しなくても、自動的に賃貸借契約が更新され、保証人は自動更新後の賃借人の債務についても連帯保証責任を負うものと考えてきました。改正民法が適用される令和2年4月1日以降に自動更新された場合でも、連帯保証契約に極度額を定めなければ無効になるのでしょうか。

江口弁護士

その点は大丈夫です。自動更新ということは、新たに更新契約の締結を行うものとは言えないと考えられますので、自動更新された場合には改正民法は適用されないと考えてよいと思います。

家主

なるほど、その点は分かりました。ところで、極度額としてどの程度の金額を定めなければならないのか、何かルールはあるのでしょうか。仮に、私の設定した極度額が周りの相場に比べて極端に高額であった場合、あるいは極端に低額であったという場合には、何か税務上、問題となるのでしょうか。

江口弁護士

前半の問題は、私の方からお答えしましょう。極度額については、保証人の責任限度額として、賃貸人と保証人が合意した金額を記載することになりますので、特に「極度額はこれ以上の金額にしなさい」というようなルールは何もありません。ただ、連帯保証人の保証範囲は家賃支払債務に限られません。賃借人の失火により賃貸建物が焼失した場合の損害賠償債務や、貸室内で自殺をした場合には当該居室は少なくとも1～2年程度は通常の賃料では賃貸できなくなりますので、その場合の損害賠償債務や、原状回復債務の不履行分も含まれます。これらを考慮すると、賃貸オーナーとしては、賃貸借の連帯保証人の極度額は多ければ多いに越したことはないのですが、高額の極度額では、連帯保証人となることを拒絶する方も出るのではないで

しょうか。こうしたことを考慮した上で、極度額をいくらと定めるのかの検討を行うことが必要だと思います。一般的には、住居系賃貸借の連帯保証人の極度額は、賃料の1～2年分程度とするケースが多いのではないかと思われます。

税務は権利確定主義なので、いくら賃借人の保証人になろうとも、限度額が高額であろうとも、実際に保証債務を履行しない限り課税関係は発生しませんのでご安心ください。

坪多税理士

家主

なるほど、お二人の先生のご説明を伺って、極度額というものが何となく分かってきたような気がします。連帯保証に関して、これ以外にも注意しておいた方がよいことはありますか。

保証人に対する情報提供義務

賃貸借の連帯保証に関しては、改正民法では新たに保証人に対する「情報提供義務」が規定されましたので、この点も賃貸オーナーの皆様には是非とも知っておいていただきたい点です。

江口弁護士

家主

じょうほう・ていきょうぎむ…？　何ですか、それは。家主が何か新しい義務を負わされるという話なのですか。

そのとおりなのです。保証契約の締結に当たって、保証人に対して、誰が、どのような情報を提供し、どのような事項を説明しなければならないかということについて、改正前民法上は特別な規定は設けられていませんでした。改正民法では、保証人が想定外の高額の保証債務を負担するという事態から保護するため、保証人に保証契約のリスクを正しく認識できるようにするため、保証契約の進行段階に応じて、保証人に対する情報提供義務を定めていま

江口弁護士

す。賃貸借の関連では、2種類の情報提供義務に注意する必要があります。

保証人に対する2種類の情報提供義務
1　保証契約締結時における事業のために負担する債務の**個人根保証契約**における**主たる債務者**の保証人に対する情報提供義務
➤債権者が提供義務違反を知り、知り得るべきときは保証人は保証契約を取り消すことができる。
2　保証契約期間中における、委託を受けた保証人全般**（個人・法人を問わない）**に対する**債権者**の情報提供義務
➤違反に対する明文規定は設けられていない。

家主

　1番目の情報提供義務は、賃貸アパートの賃貸人には何か関係があるものですか。

江口弁護士

　これは「事業のために負担する債務の個人根保証契約」の場合です。賃貸アパートの賃借人は、自宅として居住する目的で賃貸借契約を締結するので、「事業のために負担する債務」ではありません。ですから、この情報提供義務は賃貸アパートの連帯保証人には適用されません。しかし、事業用の賃貸、例えば貸ビルの賃貸借契約の場合は、テナントは事業のために賃貸借契約を締結しますので、貸ビル賃貸借契約の賃借人（主たる債務者となります。）は事業のために賃貸借上の債務を負担しますし、その連帯保証人は、個人である場合には、「事業のために負担する債務の個人根保証契約」に該当します。したがって、この情報提供義務は、アパートの賃貸借の連帯保証には適用されませんが、貸ビル等の事業系賃貸借の連帯保証人には適用されることに注意してください。

私は、店舗用の建物の賃貸業も行っていますので、その場合には、この情報提供義務が適用されるのですね。この情報提供義務の内容はどういうものですか。

これは、主たる債務者、つまりは貸ビル賃貸借契約の賃借人であるテナントが、保証人（個人）に対して情報提供する義務があるということです。提供すべき情報とは、テナントの資産状況や担保の状況等、保証人が、テナントの賃貸人に対する賃料支払債務等の履行能力があるか否かを判断するための情報です。

【事業のための契約等における債務者の個人保証人に対する情報提供】
① 主たる債務者の財産及び収支の状況
② 主たる債務以外に負担している債務の有無並びにその額及び履行状況
③ 主たる債務の担保として他に提供し、又は提供しようとするものがあるときはその旨及び内容

これは、テナントとその保証人間の問題ですから、家主には関係がない話ですね。

そうはいえないのです。賃借人（テナント）が個人の保証人にこの情報提供義務を履行しなかった場合のペナルティは、情報提供をしなかった賃借人（テナント）が受けるのではなく、賃貸人が受けることになっているからです。賃貸人が、賃借人が個人の保証人に対して情報提供義務を適切に履行していないことを知っているか、あるいは、それを知ることができた場合には、保証人は賃貸人との保証契約を取り消すことができるとされているのです。

第4章　事例でわかる民法改正（対話式解説）

家主

それは、ちょっと納得できないですね。情報提供義務に違反した者がペナルティを受けるのではなく、義務違反をしていないオーナーがペナルティを受けるというのは、不公平な気がします。

この規定については反対意見も述べられたのですが、賃貸人が、賃借人の情報の提供義務違反をしている事実について故意であるか、あるいは過失があるという場合なのでやむを得ないと考えられたようです。いずれにしても、賃貸人としてはこの規定によって、保証契約が取り消されないように対応する必要があります。

江口弁護士

家主

でも、どうやれば、保証契約が取り消されないようにすることができるのでしょうか。

これについては、最近よく用いられている「表明保証条項」を活用しましょう。要は、賃借人から保証人に対して確実に情報提供が行われればよいのですから、賃借人との賃貸借契約書には、賃借人は保証人に対し、賃借人の資産、負債の状況、担保の状況等について正確に情報提供を行ったことを表明し保証したうえで、本件建物賃貸借契約を締結する旨を記載しておくことです。賃貸人と保証人との間では、保証人は賃借人から、賃借人の資産、負債の状況、担保の状況等について必要な情報提供を受けたことを表明し保証したうえで、本件連帯保証契約を締結するとの趣旨を記載しておくことだと思います。

江口弁護士

家主

なるほど、やはり改正民法の下では、契約書をどのように作成するかが重要になるのですね。よく分かりました。もう一つの情報提供義務はどのようなものですか。

259

もう一つは、保証人が賃借人から委託されて保証人となっている場合の情報提供義務です。この場合は、保証人は個人でも法人でも構いません。

江口弁護士

　要するに、委託を受けた保証人から賃貸人に対し、賃借人がきちんと家賃等を支払っていますかとの問合せがあった時は、賃貸人は、賃借人の債務の履行状況についての情報提供をしなければならないというものです。

| 委託を受けた保証人からの要求 | → | 賃貸人は、賃借人の債務の履行状況について情報提供義務がある。 |

賃貸人が提供する情報の内容
①賃借人が滞納しているか否か
②滞納している金額等

家主

　江口先生、そんな情報提供をして大丈夫なのですか。家賃を滞納しているかどうかというのは個人情報だし、プライベートな問題ですよね。そんなことを、保証人とはいえ賃借人以外の人に情報提供することは、個人情報保護法違反や賃借人のプライバシー侵害、また家主としての守秘義務にも違反するのではないのでしょうか。

　確かにその点の配慮は必要ですね。ただ、この情報提供義務の規定は、賃貸人の守秘義務を解除する条文であると位置づけられています。つまり、保証人は、債務者が債務を履行しなければ、保証人自らが責任を負う立場にあるので、債務

江口弁護士

者の履行状況を知る必要性があるということを背景に立法化されたものですので、賃貸人は改正民法に定められた事項について情報提供する限り、その責任を問われないということになっています。賃貸人が保証人に提供する情報の内容は正確に言うと、次のような内容になります。

> **改正民法第458条の2（主たる債務の履行状況に関する情報の提供義務）**
> 　保証人が主たる債務者の委託を受けて保証をした場合において、**保証人の請求があったとき**は、債権者は、保証人に対し、遅滞なく、主たる債務の元本及び主たる債務に関する利息、違約金、損害賠償その他その債務に従たる全てのものについての**不履行の有無並びにこれらの残額及びそのうち弁済期が到来しているものの額に関する情報を提供**しなければならない。

　いずれにしても、賃貸人の方は、必要以上の情報提供をしないこと、民法で定められたこと以外の情報を提供して、個人情報保護法違反やプライバシー侵害と非難されることのないよう注意することが必要だと思います。

　　　　　　　　情報提供の際に注意すべきこと
　　　　　　　①プライバシー侵害にならないようにする。
　　　　　　　②個人情報であるため、必要以上に話をしない。

家主　　なるほど、改正民法のもとでは、このようないろいろな点についての配慮が必要になるのですね。戻ったら、契約書をチェックし、保証人や保証金額、修繕義務の有無などの一覧表を作成し、改正民法に備えたいと思います。先生、今後ともよろしくお願い申し上げます。

事例8 借家人の退去に伴う費用誰が負担する?

民法(債権法)の改正により、既に貸借している借家人が退去するときの取扱いが明文化されたそうですが、税金面も含めてどのような点に注意すればよいのでしょうか。今からでもできる対策も含めて教えてください。

家主
愛知一郎

今月末にアパートの1階の借家人との建物賃貸借契約が終了し、借家人が退去することになりました。賃貸借契約書には、「借家人は賃貸借が終了し、建物を明け渡す際には建物を原状に復して明け渡す」と明確に記載しています。この借家人に建物を賃貸したときには、畳表は新品に張り替えましたし、壁クロス、クッションフロアも張り替え、ハウスクリーニングも完了した建物を引き渡しています。そこで、借家人に明渡の際には、畳表や壁クロス、クッションフロアは張り替えて、ハウスクリーニングを済ませた状態で返還するよう申し入れたところ、借家人は、「私は建物を契約で定めたとおりに使用し、特に異常な使い方はしていないので、そのような義務はないはずだ。敷金は全額返金してほしい。」と言ってきました。賃貸借契約書には、「賃貸借契約が終了したときは、賃借人は貸室を原状に復して明け渡す」と明確に記載されているのですから、原状回復費用は差し引くのが当たり前だと思います。敷金を全額返還する必要はあるのでしょうか。

改正前民法における原状回復義務

改正前民法では、賃貸借の節には、賃貸借契約が終了したときに、賃借人が原状回復義務を負うということを定めた直接の条文はありませんでした。また、原状回復とは、何をすることかについて原状回復の内容を定めた条文もありません
江口弁護士

でした。このため、賃貸借契約が終了した場合に、原状回復義務の範囲を巡って、賃貸人と賃借人との間で、敷金からいくらを差し引くかについて

争われてきたのです。

家主

民法に定義はないかもしれませんが、「原状」という言葉を国語辞典で調べると、元の状態とか元のあり様ということでした。ということは、「原状に回復する」といったら、元の状態に回復するという意味で、その内容は明確なのではないのでしょうか。私のところでは、今月末にアパートの1階の借家人との建物賃貸借契約が終了し、借家人が退去することになりました。でも、賃貸借契約書には、借家人は賃貸借が終了し、建物を明け渡す際には建物を原状に復して明け渡すと明確に記載しています。つまり、貸室を原状に復して明け渡すというのは、賃貸借契約で約束したことです。借家人に建物を賃貸した時点では、畳表は新品に張り替えましたし、壁クロス、クッションフロアも張り替え、ハウスクリーニングも完了した建物を引き渡しています。それを元の状態に戻すのですから、賃借人は、明渡の際には、畳表や壁クロス、クッションフロアは張り替えて、ハウスクリーニングを済ませた状態で元の状態に戻して返還することを賃貸借契約で明確に約束しているのではないのでしょうか。

改正民法における原状回復義務の定め

確かに「原状」という用語は、国語辞典によれば、「元の状態」を意味するものですから、賃借人が貸室を「元の状態」へ回復するとも読めないことはありません。しかも、賃貸借契約における「元の状態」とは、賃貸借契約を締結した
江口弁護士
時の状態と考えることもできますので、賃貸人の方々からすれば、賃貸借が終了した場合には、部屋の畳表やカーペット、クッションフロアや壁クロス、ブラインド等についても契約締結当時の状態に回復せよと要求することは当然であると考えられることも理解できないわけではありません。しかし、原状回復という用語は法律用語ですので、国語辞典を見ただけで、正確な意味内容が理解できるとは限らないのです。

家主

ええっ？　国語辞典とは意味が違うのですか？　そんな解釈ってあり得ることなのでしょうか。

そうなのです。なぜかというと、賃貸借契約は、例えば、自宅用とか、店舗用、オフィス用というように、目的を決めて契約するでしょう。自宅用としてアパートを賃貸した場合、まさか入居者が2年間、直立不動で生活することなんか誰も想定しないですよね。

江口弁護士

家主

そりゃあ、そうですよ。自宅として使うんですから。部屋の中をうろうろ動くこともあるでしょうし、台所で煮炊きをしたり、人間ですから色々と動き回ることはあるでしょうね。

そのとおりです。そして、アパートは、入居者がそこで生活を営むために賃貸するのですから、部屋の中をうろうろ動きまわったり、台所で煮炊きをしたり、家具を置いたりすること等を前提に賃貸借契約を締結していることになります。

江口弁護士

それでは建物も劣化しますので、賃料を取って貸しているわけですね。ですから、法律の考え方は、そうした賃貸借契約で定めた目的、例えば、アパートを自宅として使用するなどの目的どおりに使用したことによって発生する建物の損耗、これを「通常損耗」といいますが、これについては、もともと賃貸借契約で想定している損耗ですから、賃借人には原状回復義務がないとされているのです。

家主

なるほど……、理屈は分からないわけではありませんが、そんなこと、一般の市民は知らないですよ。

そこで、改正民法では、これまでトラブルの多かった原状回復の内容について、結論として、賃借人は、経年変化や通常損耗については原状回復義務を負わないことを明らかにしました。

　少し専門的な話になりますが、賃貸借契約開始後、建物に発生する損耗としては、①経年変化、②通常損耗（賃借人が契約で定めた用法に従い、通常の使用をした結果生じる損耗）、③特別損耗（契約で定めた用法と異なる使用その他賃借人の善管注意義務違反等、通常の使用とは言えない使用方法により発生した損耗）の３種類があります。改正民法では、このうち、賃借人が原状回復義務として負担するのは、③の特別損耗だけであることを明文で定めました。

> 改正民法の原状回復義務の規定の特徴　→　通常損耗については原状回復義務がないことを明記

　その結果、通常の使い方をした結果発生する損耗については、賃借人は原状回復義務を負わないことが改正民法で明らかにされたことになります。

　う～ん。今回の民法改正の原状回復義務に関する規定は、家主にとっては厳しい改正内容ですね。これを前提とすると、今まで家主が敷金から差し引いていた項目で、差し引くのが認められなくなるものには、どのようなものがあるのでしょうか。

　居住系賃貸借契約において、畳表の張替費用や壁クロスの張替費用、クッションフロアの張替費用やハウスクリーニング費用などは通常損耗に該当するので、民法の規定に従う限り、これらは敷金から差し引くことはできないことになります。

家主 この民法の原状回復に関する定めは、消費者を保護する居住系賃貸借の場合だけであって、事業系賃貸借契約には適用されないと考えてよいのですか。

意外に誤解されやすいのですが、この規定は、居住系賃貸借契約だけに限って適用されるものではありません。改正民法の原状回復の規定は居住系賃貸借契約に限定しているものではなく、事業系賃貸借契約にも同様に適用される点に注意が必要です。

江口弁護士

今後は、賃貸アパート、貸ビル賃貸のいずれかを問わず、改正民法の原状回復に関する規定が適用されるということですが、そうだとすると、事業系賃貸借契約において、床カーペットの張替費用とブラインドの清掃費用、ルームクリーニング費用はテナントの負担とする旨の賃貸借契約書を用いていると、賃借人から、「それは民法違反の特約ではないですか」と言われて、クレームが出されることも想定されますね。これに対しては、どのようにすればよいのでしょうか。

坪多税理士

改正民法における原状回復義務の規定は強行規定か？

今後は、坪多先生がご指摘のように、そうした問題が生じてくると思われます。そこで、改正民法における原状回復に関する規定は、任意規定なのか、それとも強行規定なのかという問題を検討しておく必要があります。任意規定とは、法律の規定が任意というのですから、法律の規定と異なる内容を契約で合意することができます。これに対し、強行規定といわれる法律の条文は、法律の規定を強行するというものですから、その法律で定められた内容と異なる特約を合意しても無効とされることになります。

江口弁護士

改正民法における原状回復に関する第621条は任意規定であると考えられています。したがって、居住系賃貸借であれ、事業系賃貸借であれ、民法の定める原状回復とは異なる内容の原状回復条項を設けることは可能で

あると考えられます。ただし、居住系賃貸借の賃借人は消費者である場合がほとんどですから、消費者契約法も適用されます。このため、原状回復に関する特約が消費者契約法に違反しないかという点にも留意する必要があります。事業系賃貸借においては、消費者契約法の適用はありませんので、原状回復に関する特約は自由に行うことができます。契約自由の原則が妥当する領域と考えられるからです。

通常損耗を賃借人負担とする条項を作成する場合の留意点

家主

家主としては、相場より低い家賃で賃貸しているケースは少なくないので、可能な限り、せめて原状回復については、賃借人負担でお願いしたいと考えているのですが、それは、原状回復について、民法と異なる特約を締結することになるわけですね。この場合に注意することはありますか。

江口弁護士

1点だけ、ご留意いただきたいことがあります。それは、最高裁が、居住系賃貸借の事案において、通常損耗について賃借人に原状回復義務を負わせる場合には、賃借人が原状回復義務を負う通常損耗の範囲が契約書に具体的に明記されているか、そうでない場合は賃貸人が口頭で説明する等、賃貸人と賃借人との間で通常損耗負担特約が明確に合意されていることが必要であるとの判断を示していることです（最判平成17年12月16日）。

この最高裁判例によれば、賃借人に通常損耗について原状回復義務を負わせる特約は民法上は有効ですが、そのためには、賃借人が負担する通常損耗を具体的に契約書に明記するか、口頭で説明することが必要だということになります。口頭による説明は、後日に「言った、言わない」の紛争となるおそれがあるので、実務的には契約書に具体的に記載することが望ましいと思います。

その最高裁判決は賃貸アパート等の居住系賃貸借の判例だということですが、事業系賃貸借も同じように扱われるのでしょうか。

この点については、大阪高裁平成18年5月23日の判決があり、大阪高裁は上記の最高裁判決と同じ内容を事業系賃貸借（オフィスのケース）にも判示しています。リスクの回避を考えるのであれば、通常損耗を賃借人の方にご負担いただく契約を締結する場合、賃借人の方が負担する通常損耗の範囲を賃貸借契約書に具体的に明記しておくことがポイントになると思います。

よく分かりました。ここでも、やはり、賃貸借契約にどのように定めてあるかが重要なのですね。これから、賃貸借契約の内容をよく検討してみたいと思います。ありがとうございました。ところで、坪多先生、先ほどの江口先生の説明では、法的には、通常損耗を原状回復する義務は入居者にはないとのことですが、私が、これを入居者に負担させた場合、本来は私が負担すべきものを、入居者に負担させたことになるように思いますが、その場合には、税務では何か問題になるのでしょうか。

通常損耗を原状回復する義務は入居者にはないとの法律の規定が強行規定であるとすれば、家主がこれを入居者に負担させた場合、家主が負担すべきものを、入居者に負担させたことになりますので、入居者が個人の時は贈与税が、法人の時には所得税がかかります。

しかし、江口先生がご説明くださったように、通常損耗を原状回復する義務は入居者にはないとの法律の規定はあくまでも任意規定ですから、契約で入居者が現状回復するのを明らかにしている場合は、契約に基づく行為で経済的利益を受けていないので、贈与税や所得税がかかることはありません。

家主

税金の負担もいらず、入居者に原状回復費の負担をしてもらえるのを知り安心しました。

改正民法のもとでは、いろいろな任意契約もあるので、賃貸契約をするにあたってはこのようないろいろな点について考慮しなければなりませんね。契約書をチェックし、詳細にわたる修繕義務の有無などの一覧表を作成し、改正民法に備えることの重要性が分かりました。先生方、今後ともよろしくお願い申し上げます。

著者プロフィール

弁護士　江口正夫(えぐちまさお)

≪略歴≫
東京大学法学部卒業。弁護士（東京弁護士会所属）。最高裁判所司法研修所弁護教官室所付、日本弁護士連合会代議員、東京弁護士会常議員、民事訴訟法改正問題特別委員会副委員長、（旧）建設省委託貸家業務合理化方策検討委員会委員、（旧）建設省委託賃貸住宅リフォーム促進方策検討委員会作業部会委員、NHK文化センター専任講師、不動産流通促進協議会講師、東京商工会議所講師等を歴任。（公財）日本賃貸住宅管理協会理事。

≪著書≫
『経営承継円滑化法でこう変わる！　新時代の事業承継』（共著・清文社）
『企業責任の法律実務』（共著・新日本法規出版）
『大改正借地借家法Q＆A』（監修・にじゅういち出版）
『地主から見た定期借地権付住宅分譲事業』（にじゅういち出版）
『民事弁護と裁判実務・動産取引』（共著・ぎょうせい）
『マンガでわかる不動産業の個人情報保護法入門』（監修・住宅新報社）
他多数

≪事務所≫
海谷・江口・池田法律事務所
〒100-0006　東京都千代田区有楽町1-10-1　有楽町ビル4階424区
　　　　　　TEL　03-3211-8086　　FAX　03-3216-6909
　　　　　　Email　eguchilo@sepia.ocn.ne.jp

著者プロフィール

代表社員　　坪多 晶子
税 理 士　　（つぼた　あきこ）

≪略歴≫
京都市出身。大阪府立茨木高校卒業。神戸商科大学卒業。1990年坪多税理士事務所設立。2012年　税理士法人　トータルマネジメントブレーン設立。代表社員に就任。
上場会社の非常勤監査役やNPO法人の理事及び監事等を歴任、現在TKC全国会中央研修所租税法研修小委員長、TKC全国会資産対策研究会研修企画委員長。上場会社や中小企業の資本政策、資産家や企業オーナーの資産承継や事業承継、さらに税務や相続対策などのコンサルティングには、顧客の満足度が高いと定評がある。また、全国で講演活動を行っており、各種税務に関する書籍も多数執筆。

≪著書≫
『成功する事業承継Q&A150～遺言書・遺留分の民法改正から自社株対策、法人・個人の納税猶予まで徹底解説～』（清文社）
『Q&A115　新時代の生前贈与と税務』（ぎょうせい）
『改正相続法完全対応　"争族"にならないための相続税対策』（ぎょうせい）共著
『もめない相続　困らない相続税―事例で学ぶ幸せへのパスポート―』（清文社）共著
『すぐわかる　よくわかる　税制改正のポイント』（TKC出版）共著
『相続・相続税　資産と事業の実践的承継法』（大蔵財務協会）
『改訂版　必ず見つかる　相続・相続税対策　不動産オーナーのための羅針盤』（大蔵財務協会）共著
『資産家タイプ別　相続税節税マニュアル』（ぎょうせい）共著
『Q&A　病院・診療所の相続・承継をめぐる法務と税務』（新日本法規出版）共著
『相続税の申告と書面添付―安心の相続を実現するために―』（TKC出版）共著
『これで解決！困った老朽貸家・貸地問題』（清文社）共著
『これで解決！相続&相続税　プロが贈る8の処方箋』（清文社）共著
『これで解決！会社の承継&相続税　プロが贈る7の処方箋』（清文社）共著
『相続税を考慮した遺言書作成マニュアル～弁護士×税理士がアドバイス～』（日本法令）
共著　他多数

≪主宰会社≫
税理士法人　トータルマネジメントブレーン
有限会社　トータルマネジメントブレーン
　　〒530-0045　大阪市北区天神西町5-17　アクティ南森町6階
　　　TEL　06-6361-8301　　FAX　06-6361-8302
メールアドレス　tmb@tkcnf.or.jp
ホームページ　　http://www.tsubota-tmb.co.jp

資産家のための 民法大改正 徹底活用 ──相続法・債権法＆税金──

2019年11月11日　発行

著　者　　江口 正夫／坪多 晶子 ©

発行者　　小泉 定裕

発行所　　株式会社 清文社

東京都千代田区内神田1 - 6 - 6（MIF ビル）
〒101-0047　電話 03（6273）7946　FAX 03（3518）0299
大阪市北区天神橋 2 丁目北2 - 6（大和南森町ビル）
〒530-0041　電話 06（6135）4050　FAX 06（6135）4059
URL http://www.skattsei.co.jp/

印刷：亜細亜印刷㈱

■著作権法により無断複写複製は禁止されています。落丁本・乱丁本はお取り替えします。
■本書の内容に関するお問い合わせは編集部まで FAX（06-6135-4056）でお願いします。
■本書の追録情報等は、当社ホームページ（http://www.skattsei.co.jp）をご覧ください。

ISBN978-4-433-65059-9